# 逐次交易

## 股票投资稳健操盘法

王江生◎著

民主与建设出版社

·北京·

**图书在版编目（CIP）数据**

逐次交易：股票投资稳健操盘法 / 王江生著 . --
北京：民主与建设出版社，2024.4
　　ISBN 978-7-5139-4584-4

　　Ⅰ . ①逐…　Ⅱ . ①王…　Ⅲ . ①股票交易　Ⅳ .
①F830.91

　　中国国家版本馆 CIP 数据核字（2024）第 078332 号

**逐次交易——股票投资稳健操盘法**
ZHUCI JIAOYI GUPIAO TOUZI WENJIAN CAOPAN FA

| | |
|---|---|
| 著　　者 | 王江生 |
| 责任编辑 | 廖晓莹 |
| 封面设计 | 刘万柯 |
| 出版发行 | 民主与建设出版社有限责任公司 |
| 电　　话 | （010）59417747　59419778 |
| 社　　址 | 北京市海淀区西三环中路 10 号望海楼 E 座 7 层 |
| 邮　　编 | 100142 |
| 印　　刷 | 天宇万达印刷有限公司 |
| 版　　次 | 2024 年 4 月第 1 版 |
| 印　　次 | 2024 年 5 月第 1 次印刷 |
| 开　　本 | 710 毫米 ×1000 毫米　　1/16 |
| 印　　张 | 14 |
| 字　　数 | 180 千字 |
| 书　　号 | ISBN 978-7-5139-4584-4 |
| 定　　价 | 59.80 元 |

注：如有印、装质量问题，请与出版社联系。

# 序 言

　　股市是一个充满魅力的地方，无数人沉迷其中，如痴如醉。股市也是普通人少有的、有可能获得超额收益的地方，这里相对公平，这里不看出身，不看年龄，不看背景，只看你的能力和运气。股市每天都在改变无数人的命运，有人在这里体验到博弈的快乐，有人在这里实现了财务自由，但更多的人在这里尝到的是失望和痛苦。股市中人，从来都是赢者寡而输者众，长期来看，总体而言，只有很少的一小部分人可以从股市中赚到钱，大多数人或输或平。一赢二平七亏损，实乃股市经久不易的铁律，无论过去还是现在，莫不如此。为什么只有大约百分之十的少数人才能成为股市中的幸运者，而百分之九十的人则成为倒霉的大多数？注意观察就会发现，亏钱的人各有各的原因，而总是赚钱的人都有一个共同点，那就是他们都有一个适合自己的交易系统，并能在长期的交易中坚持按这个交易系统进行交易，而那些亏钱的人要么根本没有一种适合自己的交易方法，要么在实盘交易中不能认真执行自己的交易系统。

　　没有一个适合自己的交易系统就一头扎进股市，可能也会赚钱，但一次两次、一年两年的成功，可能是运气使然，长远来说总归会成为股市中的输家，成为大家所说的"韭菜"。没有自己的交易系统就做股票投资，如同没有驾照就开车上高速，没有设计图纸就去建大楼一样不靠谱。没有一个适合自己的交易系统，聪明人也会赔钱，而一旦有了一个适合自己的交易系统，普通人也能从股市中赚钱。有一种说法是制度比人强，在股票投资这个领域就是交易系统比人强。为了让自己能挤进股市中总是赚钱的那百分之十的幸运人群，每一个投资者都应该想方设法构建或找到一个属于自己的交易系统。一旦有了一个适合自己的交易系统，股票投资就不再是提心吊胆的交易，不再是前景未卜的投机，也不是孤注一掷的赌博，每一次买入或卖出都是深思熟虑后按交易规则和交易计划进行的交易。可以说投资中最重要的事情，就是构建一个适合自己的交易系统，这个系统能够将正确的投资理念、娴熟的交易技巧和稳定的心理状态有机地糅合在一起，转化成为实盘交易中持续不断的赢利能力。

多年前初入股市时，为了避免"韭菜"的命运，我这个没有一丁点金融、财务专业背景，投资知识匮乏的交易新手，或去书店和图书馆搜罗、阅读投资类书籍，或在网上浏览，期望尽快熟悉股市运行规律，成为一个合格的投资者。起初的一段时间里，我笃信巴菲特式的价值投资，采用集中买入、长期持有的投资方法，但投资效果并不如意。有时候自己仔细挑选的股票，一买就跌，一卖就涨，总是被套。抑或是不停地"坐过山车"，自己持有的股票经过很长一段时间后，股价又回到原点。这种情况让我对股票投资越来越摸不着头绪，记得那年我重仓持有的一只银行股股价大幅下跌，深度被套，亏损幅度较大。为了减少损失，我尝试着将账户里的剩余资金分成若干份：当股价下跌时，逐次买入，摊低成本，增加筹码；当股价上涨时，逐次卖出，积累利润，回笼资金，并在股价反转后不断做反向交易，期望用这样的方法解套。令人欣喜的是，用这个方法经过一段时间的持续交易，竟扭亏为盈了。这件事让我意识到可以把这个交易方法规则化、程序化，在未来的日子里长期使用。后来我将这种交易方法逐步完善，慢慢地就形成了一个自己得心应手的交易方法。借用郭沫若在《北伐途次》中的一句话——"前进的军号吹起来了，队伍逐次前进"，我将这个交易方法称为"逐次交易"。

这种交易方法风险小，胜率高，可以避免一买就跌，一卖就涨，避免不停地"坐过山车"，特别是可以减少股价下跌时投资的回撤幅度。我从开始用逐次交易的方法做股票投资至今已有十多年时间，股市中的风雨洗礼让这个交易方法渐趋成熟。

从这些年来的股票交易中，我体会到拥有一个适合自己的交易系统是一件多么幸运的事情。一旦掌握了这个交易系统，就不再害怕股海中的狂风暴雨，就可以在股市中长期生存，就可以参与股票交易这个天底下最好玩的游戏。通过股票交易可以获取源源不断的投资收益，生活中也会平添几分乐趣。时下，不知道有多少人以股票交易为业。《以交易为生》的作者亚历山大·埃尔德曾经如此感慨："你不需要老板，你自己就是老板，无论在世界上任何地方，以交易为生的日子都是自由自在的。"

近来正好有宽裕的时间可以对自己这些年来的股票交易做些回顾和反思，并借此机会，将自己过去零零散散的一些投资心得、交易记录和交易方法归纳整理，形成《逐次交易》这样一本小书。全书分为"交易规则""如何选择交易标的""怎样确定交易价格""交易价差与交易数量的设定""实盘交易操作流程""交易实例"等若干章节。这些章节按股票交易全过程的逻辑顺序和层递关系排列，以期简明扼要地将"逐次交易"这种交易方法比较完整地展现出来，希望对读者朋友能有些许借鉴和帮助。

2023 年 8 月

# | 目　录 |

## 第七章 实盘交易操作流程

## 第八章 逐次交易之交易实例

## 第九章 用ETF指数基金做逐次交易

## 第十章　逐次交易之风险防范

## 第十一章　逐次交易需要的心理状态

# | 第一章 |
# 逐次交易的定义及交易规则

股票投资，难免有些地方需要靠运气，但长期而言，好运、霉运会相抵。要想持续成功，必须依靠良好的原则。

——菲利普·费雪

利用市场的愚蠢，进行有规律的投资。

——沃伦·巴菲特

十多年前懵懵懂懂闯入股市，在实盘交易中不经意间形成了一种适合自己的交易方法，我把这个交易方法称作"逐次交易"。十年来，我一直坚持用这个方法做股票投资，并且在每年年末，都会将一年的投资收益情况如实记录下来。从 2013 年至今的十年时间里，上证指数六年上涨，四年下跌，其中有三年跌幅达两位数，最大跌幅出现在 2018 年，下跌幅度超过 24%。而这十年间，我用逐次交易的方法做股票投资的收益情况：九年盈利，只有一年出现少量亏损。这些年来，在投资中能有些许收益，固然有运气成分，更重要的是得益于"逐次交易"这个交易方法。对我而言，逐次交易就像股海中的一条船。"我不害怕暴风雨，因为我学会了如何驾驭我的船。"

# 一、何谓逐次交易

简单地说，逐次交易是这样一种交易方法——交易者为自己交易的股票确定一个大致的交易价格区间，只要股价在这个区间里运行，就坚持逐次买入或逐次卖出。具体做法如下。

在股价下跌过程中，当股价下跌达到一定幅度，就以一定的交易价差和交易数量，一次接一次地逐次买入，一直买到股价停止下跌转为上涨为止；当股价由下跌转为上涨，并产生一定价差后，交易者也随之转变交易方向，由一次接一次地逐次买入转为一次接一次地逐次卖出。

反之，在股价上涨过程中，当上涨达到一定幅度，就以一定的交易价差和交易数量一次接一次地逐次卖出，一直卖到价格停止上涨转为下跌为止；当股价由上涨转为下跌，并产生一定价差后，就再次转变交易方向，将一次接一次地逐次卖出转为一次接一次地逐次买入。

随着交易者所交易股票的价格不断转变运行方向，逐次交易也就不断改变交易方向，持续不断地做反向交易。只要股价在交易者自己确定的价格区间里运行，逐次买入—逐次卖出—再逐次买入—再逐次卖出……这样的双向逐次交易就一直进行，不断重复，直到股价偏离交易者确定的交易价格区间为止。

在逐次交易的过程中，买入和卖出都不是孤立的一次、两次交易，而是连续不断地逐次买入或者卖出。如果买入，就准备买入几次、十几次、数十次乃至上百次，直至股价停止下跌反转上涨；反之卖出也是如此，也是准备几次、十几次、几十次，乃至上百次的持续卖出，直至股价停止上涨反转下跌。不断进行的反向交易可以尽量保持资金和股票的动态平衡，让逐次交易能够长时间地持续进行，有时用同一只股票做逐次交易的时间可以长达数年之久。

逐次交易需要交易者选择质地优良、安全可靠的股票作为交易标的。这只股票的收益率高、股息率高，交易比较活跃，日成交额多，且波动幅度比较大。发行这只股票的上市公司有一定的"护城河"，在未来可见的时间里大概率不会破产，不会退市，股价不会出现断崖式暴跌。

逐次交易需要交易者给自己交易的股票确定一个大致合理的价格区间，并将逐次交易限定在这个价格区间里，也就是说，只在这个价格区间里逐次买入或逐次卖出。一旦股价上涨超过价格区间的上沿，就停止买入，只卖不买；一旦股价下跌并跌破价格区间下沿，就停止逐次卖出，或只买不卖，或停止双方向的逐次交易。

在逐次交易中，需要为每一次交易设定交易价差和交易数量。用设定交易价差和交易数量的方法，高度分散使用资金和筹码，将自己的资金和股票分成几十份、上百份，甚至几百份，每一次交易只用其中的一份。高度分散使用资金和筹码，可以从容应对买入后股价继续下跌或卖出后股价继续上涨，以及股价反方向运行等各种可能出现的情况。设定交易价差和交易数量，高度分散使用资金和筹码，能让我们在股价不断下跌时，手里总是有钱可以逐次买入股票；在股价不断上涨时，手里总是有股票可以逐次卖出。无论股价涨跌都可以从容应对。

在逐次交易中，只要所交易的股票基本面没有发生重大变化，只要股价在交易者事先确定的价格区间里运行，就一直坚持在股价下跌时逐次买入，在股价上涨时逐次卖出，并随着股价不断转变运行方向，持续做反向交易。反向交易是逐次交易的一个重要环节，通过不断重复的反向交易，以期保持股票仓位和资金的动态平衡，尽可能避免在交易的价格区间里出现股价下跌时资金用完了无钱买股票，或在股价上涨时股票卖完了无股可卖的情况。

逐次交易不同于一次性集中买入和一次性全部卖出的交易方法。买入持有的交易方法，买入后持有的时间少则一两年，多则几年、十几年，乃至更长时间。一次性集中买入或一次性全部卖出的交易方法，选择股票的难度更大，买入价格和卖出价格也不好把握。买入并持有的投资方法免不了会坐过山车，在股价上涨时可能会失去卖出的机会，在股价下跌时可能会错过以更低价格再次买入的机会。索罗斯说："冒险可以，但当你冒险时，不要孤注一掷。"大投机家杰西·利弗莫尔虽然赌性很大，但也反对孤注一掷的集中交易。他说："太多的投机者听凭冲动买进或卖出，几乎把所有头寸都堆集在同一个价位上，而不是拉开战线。这种做法是错误而危险的。"另一位交易大师威廉·江恩说："不要一次性买进，傲慢就是罪过。"逐次交易就是拉开战线，耐心进行持久战。一次性全部买进后，如果股价继续下跌，就只能眼睁睁地看着股价下跌，而没有资金继续买入以摊低成本；反之，一次性全部卖出后，如果股价继续上涨，也只能看着股价上涨，没有股票可以继续卖出了。

逐次交易也不同于一般意义上的波段交易。波段交易期望在交易标的价格的波谷买入，在波峰卖出，通过低买高卖来获取收益。《波段交易法》的作者林辉太郎给波段交易的定义："波段交易就是品种固定的持续交易。"他认为一个波段的时间大概是 30 日或 60 日。有人觉得数十日太长，他们做波段交易的时间会更短一些。低买高卖说来容易做起来难，何为高，何为低，何处为波谷，何处是波峰，真的很难判断。巴菲特说："在股市中从事波段操作是神做的事情，而不是人做的事情。"一些关于波段交易的书，大多是根据 K 线图来判断波谷和波峰，他们的分析方法和分析过程，对于我来说是一头雾水，怎么都搞不明白。

比较而言，逐次交易则要简单得多。逐次交易根据上一次的买入价格，确定这一次的卖出价格；根据这一次的卖出价格，确定下一次的买入价格。通过逐次买入，买入价格必然会越来越低，可以买在相对低点，持续降低持有成本，逐渐增加持股数量，为以后的卖出储备股票；通过逐次卖出，卖出价格必然会越来越高，可以卖在相对高点，在股价上涨中，可以持续兑现利润，为以后的买入储备现金。通过不断重复、持之以恒的反向交易，可以积累利润，集腋成裘，聚沙成塔，积小胜为大胜，积小利为大利，实现持续盈利的目的。这种交易方法可重复、易复制，可以长期使用。

查理·芒格在谈到他和巴菲特投资的核心理念和独特原则时说："什么事做对了，我们会总结经验，一如既往地做下去。"生活中有一个最朴素的道理："做对了，重复做。"有道是：复杂的事情简单做，你就是专家；简单的事情重复做，你就是行家；重复的事情用心做，你就是赢家。

## 二、交易规则分解

为了进一步说明逐次交易的交易规则，可以将逐次交易的交易方法分解为以下六个部分。

### 1. 区间交易，不追高

逐次交易是在一定的价格区间里进行的交易。在逐次交易中，为控制投资风险，保证交易安全，防止出现无法挽回的重大亏损，必须将下跌时越跌越买，上涨时越涨越卖，并且跌不止损、涨不止盈这样一种交易方法限定在一定的价格区间里。交易者在进行逐次交易前，需要在认真估算股票内在价值的基础上，给自己交易的股票确定一个大致的交易的价格区间，只要股价在自己确定的价格区间里双向波动，就不停地、反复地进行逐次交易。一旦股价大幅度上涨，超过了我们事先划定的价格区间上沿，就应该停止买入，只卖不买，逐步卖出离场；如果股价下跌过多，低于我们事先确定的价格区间的下沿，就只买不卖，停止逐次卖出，转为买入并持有，并等待股价重新回到交易的价格区间时，再恢复逐次交易。价格区间是我们的预设阵地，一旦价格不在我们的预设阵地之内，我们就退出战场。

交易的价格区间是依据股票的内在价值确定的。比如，在认真评估的基础上，我们确定一只股票逐次交易的价格区间为 15 ~ 25 元。当股价在 15 ~ 25 元之间波动时，就逐次买入或逐次卖出；当股价低于 15 元时，就只买不卖，买入持有；当股价上涨，超过 25 元时，则只卖不买，卖出离场。区间交易的规则要求交易者宁可踏空，也不追涨。《反转的魔力——一种交易现象》的作者迈克尔·J.帕森斯说："不要追逐市场，如果你错过了一个交易机会，就去等待另一个机会，不要强抓一个对你来说太晚了的机会，总有新的交易机会出现。"追高是因为担心踏空错过一波行情而在股价上涨中买入，追高买入可能是许多人亏损的一个重要原因。在逐次交易中要严格将交易限定在交易计划中确定的价格区间里，绝不追高买入。在价格区间上沿卖完股票后，可以耐心等待股价回落到交易的价格区间再继续逐次交易，也可以考虑更换交易标的。

## 2. 双向交易，两面下注

逐次交易的另一个交易规则是"双向交易，两面下注"。美国著名医学家、散文作家奥利佛·温德尔·霍姆斯说："你尽可以大胆预言，但切记，千万不要忘记两面下注。"在股票交易中，我们不知道自己交易的股票价格未来是上涨还是下跌，实际上谁也无法预测股价运行的方向，双向逐次交易就是做两手准备，在交易开始前，两面下注，同时下若干个逐次买入委托单和若干个逐次卖出委托单，逐次买入委托单的买入价从高到低依次排列，以期越买越低，买在相对低点；逐次卖出委托单的委托价格从低到高依次排列，以期越卖越高，卖在相对高点。

双向交易与单向交易不同，单向交易在同一个时间段里，或看涨，或看跌，如果看好一只股票，认为该股票值得投资，并预测股价会上涨，那么就买入；如果不看好手里持有的股票，预测股价可能下跌，就卖出，甚至融券做空。一般来说，单向交易在同一时间或买或卖，只做一个方向的交易，而双向交易在同一时间段进行两个方向的交易，同时买入卖出。单向交易或多或少需要依靠对未来股价涨跌的预测，是一种主观的判断式交易，而双向交易不依靠预测，轻预测，重应对，是一种客观的非判断式交易，每一次交易都做两手准备，跌则买，涨则卖，买入可以增加持股数量，降低持股成本，卖出可以兑现利润，减少投资风险，储备资金。涨也好，跌也罢，涨跌都是我们所期待的。单向交易让人焦虑不安，股价上涨，期望等股价低一点再买入的盼跌者懊悔不已；价格下跌，期望等股价涨一点再卖出的盼涨者黯然神伤。双向逐次则不然，双向交易可以让人心态平和，不管股价上涨还是下跌，都可以从容应对。

### 3. 反向交易，以买定卖，以卖定买

在逐次交易中，需要不断做反向交易。所谓反向交易，就是在开盘后，交易者提前下好的双向逐次交易委托单如有买入成交，则根据买入成交价格，加上一定的价差后下卖出委托单；如有卖出委托单成交，则根据卖出成交价格，降低一定的价差后下买入委托单。因为对应前面成交价，下的交易委托单转变了交易方向，故称"反向交易"，或称"回转交易"。反向交易是在股价反转产生一定的价差后进行的，反向交易的价差是逐次交易的利润来源。反向交易需要设定合理的差价，如果价差太小甚至无法覆盖交易成本，反向交易没有利润，则这种交易就没有意义；如果价差过大，交易机会稀少，则会失去一些赢利机会。

反向交易的一个要点是"以买定卖，以卖定买"。每一次卖出对应上一次买入，每一次买入对应上一次卖出，卖出价格一定高于买入价格，买

入价格一定低于卖出价格。反向交易也是一次接一次逐次进行的，有多少次卖出成交，就接着下多少个反向交易的买入委托单，有多少次买入成交，就接着下多少个反向交易的卖出委托单。

反向交易也是一次接着一次地逐次进行，反向交易的逐次买入要一直买到股票价格再一次反转上涨，反向交易的逐次卖出要一直卖到股票价格再一次反转下跌。股价运行方向在区间波动中大都会反复转换，随着股价从下跌转为上涨或从上涨转为下跌，逐次交易也随着进行反向交易，这样的反向交易可以不断重复，反复进行。逐次交易就像是不停地追逐股价曲线的游戏。随着股价曲线不停地波动，反复买入卖出，一次次买在相对低点，一次次卖在相对高点。

### 4. 逆向交易，不因价格波动而止损

逐次交易是一种逆向交易，一般来说对逆向投资的理解是和市场反着做，人弃我取，人取我予，别人恐惧时我们贪婪，别人贪婪时我们恐惧，逐次交易正是如此。在逐次交易中，只要交易标的的基本面没有发生重大变化，即使股价出现大幅度下跌也不止损卖出，即使股价大幅度上涨，也仍按交易规则和交易计划逐次卖出。很多投资方法会教人如何止损，所谓卖出止损，指的是在买入后股价下跌到一定幅度，就应该卖出已经买入持有的股票，以避免更大的损失。长期以来，不要买入处于跌势的股票，不要对亏损的股票加仓，及时止损，等等，已成为公认的投资智慧，有人说华尔街最重要的家训就是止损。大多数书籍、报刊的观点，以及专家的意见都主张止损。很多专家告诉股民，止损就像开车踩刹车一样重要。还有人说止损是股票投资的最高行为准则。教人止损的方法不计其数，止损被趋势投资者奉为法宝，趋势投资者主张如果买入后股价下跌一定的幅度，就必须卖出已经买入的股票，以停止可能会继续产生的亏损。但对建立在价值投资基础上的逐次交易来说，则不是这样。格雷厄姆说："因为

我们是价值投资者，因为我们每一次买入都有长期持有的心理准备和资金安排，所以我们一般不考虑止损。"巴菲特说："不能承受股价下跌 50% 的人，就不应该做投资。"在逐次交易中，股价大幅下跌正是逐次买入的良机，这时不仅不能止损，反而要逐次买入。

### 5. 纵向分散，多下注，下小注

逐次交易要求交易者高度分散使用资金和筹码，将自己的资金和股票分成数十份乃至数百份，每次交易只用其中的一份。有人主张在股票交易中，要"少下注、下大注"。巴菲特一再告诫投资者要减少交易次数。他说："投资者应该假设自己手中有一张投资卡，上面只有 20 个孔，每投资一次就减少一个孔，即自己可以做出的投资决策就减少了一次。如果能做到这一点，投资者就会耐心等待机会集中投资，从而提高投资成功率。"巴菲特的合作伙伴查理·芒格也是这样主张。而詹姆斯·西蒙斯则不然，他的交易方法是"多下注、下小注"。詹姆斯·西蒙斯、约翰·拉里·凯利、爱德华·索普等具有深厚数学背景的交易高手从数学、概率的角度思考问题并将之应用于投资，他们都主张在市场不明朗的情况下"多下注，下小注"，只有在市场对投资者特别有利时才下大注。

逐次交易正是一种"多下注，下小注"的交易方式，在股价正常波动时，坚持"多下注，下小注"，每一次交易只使用一定比例的资金或股票。当然，如果股价大幅度波动，股价大跌或者大涨时，则下大注，大量买入或大量卖出。逐次交易就像战场上的逐次抵抗战术，不固守一个具体的价位，不争一城一地之得失，不在乎短时间里股价的涨跌。逐次交易就像是不断追逐股价波动曲线的游戏，这个游戏既简单又有趣，它比围棋简单得多，但又比围棋更刺激。有人说索罗斯是"走在股价曲线前面的人"。走在股价曲线前面谈何容易，需要有非凡的判断力和非比寻常的勇气，这是一般人可望而不可即的。而用逐次交易的方法，追着曲线走则容易得多，随着股价曲线的延伸，利润也在一点点增加。

如果让我预测这一次买入或连续若干次买入后股价会不会反转上涨，我无法预测，因为单笔交易的盈亏真的很难判断，不能苛求每一笔交易都赚钱，但是，如果将资金和股票分成 100 份、200 份，或者更多的等份，如果股价连续下跌，就逐次买入，买入 10 次、20 次，或者更多的若干次；如果股价上涨，则可以逐次卖出，同样可以卖出 10 次、20 次、30 次，或者更多的若干次。逐次交易是一种建立在一定概率基础上的游戏，只要坚持顺着一个方向连续交易，反转是大概率的事情。我相信，只要咬紧牙关一直买，就可以买到价格反转上涨；只要咬紧牙关一直卖，就可以卖到价格反转下跌。

### 6. 量化交易，看数字下单

逐次交易是一种简版的量化交易。在我看来，量化交易有简单和复杂之分。复杂的量化交易如 360 百科对于量化交易的解释："量化交易是指以先进的数学模型替代人为的主观判断，利用计算机技术从庞大的历史数据中海选能带来超额收益的多种'大概率'事件以制定策略，极大地减少了投资者情绪波动的影响，避免在市场极度狂热或悲观的情况下做出非理性的投资决策。"上述定义的几个关键词：先进的数学模型、计算机技术、庞大的历史数据、海选、大概率事件等，一连串听起来高深的词语，让人一头雾水，不得要领，这样的量化交易既复杂又神秘，一般人很难掌握和使用。而简单的量化交易，一看就懂，一学就会，逐次交易就是这样的简版的量化交易。逐次交易以少量关键数据和定量分析作为交易的依据，并将选择交易标的、确定交易价格、资金管理、仓位控制、交易价差、交易数量等交易的各个环节全部量化为一个个具体的数字和比率，然后依据这些数字和比率，随着股价波动进行机械的傻瓜式交易。逐次交易的各个环节都是可以量化的。

关键数据可以量化，如每股收益、每股股息等，从上市公司年度报告或个股中一看便知，数据唾手可得，方便极了。

选择交易标的的部分标准可以量化，如交易标的的分红率30%以上、股息率不低于3%、市盈率不高于10%、净资产收益率不低于10%、行业排名第一或第二、日成交额不少于1亿元、日振幅超过1%，等等。

交易的价格区间可以量化，如以3% ~ 6%股息率对应的股票价格和以10% ~ 20%对应的股票价格之加权平均计算出的股价，作为交易的价格区间。

逐次交易这一次买入与下一次买入的价差，这一次卖出与下一次卖出的价差，以及反向交易的价差，都可以量化；每一次交易的股票数量也可以量化。

《交易圣经》的作者布伦特·奔富将交易方法分为两大类——自主交易法和机械交易法。他指出，"机械交易者依照既定规则进行交易，而自主交易者无时无刻不在进行决策。逐次交易显然是属于机械交易法。一般来说，做一个自主交易者通常比做一个机械交易者在情感上更受煎熬，因为自主交易者常常需要临场决策，时常面对如何选择的煎熬"。丹尼斯说："优秀的交易者会利用自己的每一分智商来创建他们的交易系统，但是一旦这一步完成之后，他们就只需要机械地遵循他们的交易系统。"逐次交易属于机械交易法，按一种固定的模式进行交易，交易标的、交易价格、交易价差、交易数量等，都是在交易前就已经设计、计划好了的，交易进行中交易者只需要按交易规则、交易计划下交易委托单即可，不需要临场决断。使用这种交易方法，投资者可以少受每时每刻都需要做出决策的煎熬。

## 三、逐次交易的盈利模式

做股票交易，如果赔了，应该明白是怎么赔的；如果赚了，也应知道是怎么赚的，交易者需要了解自己的投资利润从何而来。就逐次交易来说，交易的利润来源可分为以下四个方面。

其一，交易中低买高卖、高抛低吸的价差中产生的利润。这是逐次交易最重要的利润来源，而买入持有、长期投资的方法则不会产生这部分利润。

其二，企业经营产生盈利，推动股价上涨带来的利润。按逐次交易操作规则，交易者会保留一部分长期仓位，当股价回归价值时这部分仓位自然会产生利润。当然，这也是价值投资、买入持有的长期投资的主要利润来源，纯短线交易者往往会在价值回归前卖出股票，错过价值回归带来的这部分利润。

其三，现金分红带来的利润。一般来说，逐次交易选择的股票多是股息率比较高的股票，没有现金分红或股息率低的股票不会成为逐次交易的目标。这也是价值投资、长期持股的利润来源之一，而有的交易者往往不在乎股息多少，不会以分红比率、股息率作为选择交易标的的标准，他们也许享受不到这部分利润，但实际上他们也不是很在乎这部分利润。

其四，利用待用资金做国债逆回购的利润。在逐次交易中，总是会有相当比例的资金处于备用状态，这是交易者为股价持续下跌时逐次买入准备的资金，这部分资金可以在每个交易日结束前后做国债逆回购。从我过去十来年做逐次交易的经验看，估计每年的年复合收益率中，大约有1%的收益是逆回购产生的。逆回购一定是盈利的，不会出现亏损。

逐次交易是从股价波动出现的价差中赚钱，只要股价波动且操作得当就会产生利润，即使是在股价下跌时也能盈利。

下面是2013年至2015年的三年间，用浦发银行股票做逐次交易的收益情况，以及逐次交易收益与同期这只股票的股价涨跌和上证指数涨跌幅的对比。

| 年份 | 一年中逐次交易浦发银行收益率 | 浦发银行股价一年中的涨跌幅度 | 一年中上证指数的涨跌幅 |
|------|------|------|------|
| 2013 | 10% | −7.1% | −5% |
| 2014 | 57.6% | 39.8% | 50% |
| 2015 | 21% | 13% | 9.4% |

由上可见，从2013年至2015年，用浦发银行股票做逐次交易的收益，每一年都超过了这只股票的价格上涨幅度，也超过同期上证指数的涨幅。

再看从2016年至2022年的七年间，用上汽集团股票做逐次交易的盈亏情况，以及与同期上汽集团股价涨跌幅和上证指数涨跌幅的对比。

| 年份 | 一年中逐次交易上汽集团收益率 | 上汽集团股价一年中的涨跌幅度 | 一年中上证指数的涨跌幅 |
|------|------|------|------|
| 2016 | 9.9% | 18.9% | −12.3% |
| 2017 | 22.98% | 34.1% | 6.6% |
| 2018 | 3.77% | −19% | −24% |
| 2019 | 9.26% | −5.8% | 22% |
| 2020 | 14% | 2.4% | 13.6% |
| 2021 | 9.3% | −15.6% | 4.8% |
| 2022 | −3.3% | −28% | −15% |

与买入持有的投资方法不同，买入持有只能依靠股价上涨和分红赚钱，而逐次交易除了依靠股价上涨和分红收益，还可以通过股价波动，从价差交易中赚钱，还有少量的逆回购收益，多了两个利润来源。一般来说，买入持有只能在股价上涨中产生正收益，在股价下跌时会出现亏损；而逐次交易不但在股价上涨时可以赢利，在股价下跌时也有可能产生正收益。

## 四、这是一个完整的交易系统

任何一种比较成熟的交易方法都应该具有一定的完整性，不完整则不成系统。而一个完整的交易系统，应该包含交易全过程的各个环节：选股、定价、买入、卖出，每一次买入或卖出的数量，上一次交易与下一次交易之间的价差，何时开始交易、何时结束交易，怎样管理资金、如何防范风险，等等。无论哪一个环节存在瑕疵或出现问题，都会影响投资的效果。木桶效应在一个交易系统中表现得尤其明显，一个木桶无论有多高，它盛水的多少取决于木桶中最短的那块木板。交易系统也是这样，不管一个交易系统的其他环节多么优秀，但只要有一个环节存在比较大的缺陷，投资收益就会大打折扣。所以，完整性是对交易系统的基本要求，不完整就不能称之为交易系统，逐次交易就是一个比较完整的交易系统。

在股市中，往往可以看到这样的情况，某投资者问别人应该买什么股票，人家告诉他应该买哪只股，说的可能没有错，他按照人家的建议买入股票，结果没赚钱，反而亏了，因为他没有问什么时候应该卖出，在应该卖出的时候没有及时卖出。在关于股票的电视节目中，我们经常可以看到有专家说某一只股票如何如何好，岂不知再好的股票，买入价格太高也不能成为好的投资。投资一只股票需要回答和解决的问题，至少有十几个乃至数十个，只知其一不知其二，顾头不顾尾，乃股票交易之大忌。

说逐次交易是一个完整的交易系统，是因为包括了以下内容：

投资价值还是投资机会，秉持什么样的投资理念；

长线投资还是短线交易，长线有多长，短线有多短；

集中持股还是分散投资，如何集中，怎样分散；

顺势交易还是逆势交易，在股价上涨时买入、下跌时卖出，还是在股价下跌时买入、上涨时卖出；

在交易中要不要止损止盈，如何止损，如何止盈；

投资的预期收益率是多少，将盈利目标定为略高于无风险固定投资收益率，期望长久稳定的利润，还是追求超高收益，期望快速获得暴利；

怎样做资产配置，是将自己的可投资资产全部投入股市，还是只投资股市一部分，如果分散配置资产，多少资产配置股票，多少资产配置债券，多少配置其他资产；

怎样选股，选择什么样的交易标的；

如何定价，如何评估一只股票的内在价值与交易价格，如何确定买入、持有、卖出的价格；

什么时候，在什么情况下买入；

什么时候，在什么情况下卖出；

买入，是一次全部买入还是多次分散买入，每一次买多少；

卖出，是一次全部卖出还是多次分散卖出，每一次卖多少；

什么时候买入股票卖出债券，什么时候买入债券卖出股票；

如何管理资金；

如何控制仓位；

如何防范风险；

……

投资的成败，收益的高低，就隐藏在交易全过程的各个环节之中。假如选对了股票，但买入价格太高，可能也赚不了钱，甚至还会赔钱，买入好股票不赚反赔的例子实在是举不胜举。

选对了股票，买入价格也合适，但卖出过早，也会影响投资收益。有时买到一只十分优秀的股票，股价刚涨了一点就忍不住卖出了，结果只赚一点蝇头小利，这样的情况也不少。

交易标的、买入价格和卖出时机都合适，但买入数量太少，仍然不会有令人满意的收益。

所以，一个比较成熟的交易系统，必须顾及投资全过程中的每一个环节，缺一不可。完整性是交易系统必不可少的。每一个交易环节，都需要做出恰当的选择。一个环节出了问题，投资效果就可能大打折扣，一着不慎、满盘皆输的例子在股市中比比皆是。对于股票交易中可能出现和需要解决的各种问题，逐次交易都有应对之策。

这是一个比较稳定的交易系统。一种投资方法，一个交易系统，不仅应在理论上无懈可击，更应经得起实盘交易的检验。在实盘交易中胜率高、风险小，可以稳定获利，可以反复使用的交易方法才能长期使用。格雷厄姆告诫投资者："必须用实实在在的自我检查以及连续的交易证明你的判断是正确的，能够产生有价值的结果。"一个交易系统是不是稳定，是不是可以持续盈利，短时间不能说明问题，短期的高收益率可能是运气使然，具有偶然性，一个交易系统是否稳定，是否可靠，至少需要经过十年以上实盘交易的检验。一个稳定的交易系统不仅可以在牛市中赚钱，也可以在熊市中赚钱，一个不能穿越牛熊市、经得起市场大幅波动考验的交易系统，不是一个好的交易系统。逐次交易经过了十年实盘交易的检验，这十年间，上证指数最高为 2015 年的 5178 点，最低为 2013 年的1849 点，振幅达 64%。这十年间，不管市场如何波动，不管股价大幅下跌还是大幅上涨，即便是在千股跌停、千股涨停、千股熔断的日子里，我仍然坚持按逐次交易的规则进行交易。长时间实盘交易的反复测试，证明逐次交易是一个比较稳定和可靠的交易系统。

这是一个相对简单的交易系统。大道至简，大巧若拙，所谓"真传一句话，假传万卷书"，世界上的许多事情都是看似复杂，其实不然，股票交易也是如此。在股票投资中，理解的过程可以足够复杂，但操作的方法应当尽量简单。用简单方法去解决复杂问题的人，是智者；用复杂方法去解决简单问题的人，是蠢材。可是在股市里，总是有人弃简就繁，以显示他们的"高明"。有人把简单的事情复杂化则是别有他意。黄奇帆有一句话说得好："把金融搞得很复杂的那些人都是骗子。"对于投资者来说，如果把本来并没有那么复杂的事情复杂化了，很容易把自己绕进去。美国金融记者简·布莱恩特·奎恩说："投资成功者都有一个秘密。这个秘密就是简单。你的投资风格越是简朴无华，你就越能在长期投资中找到自信。"简单的方法便于理解，容易掌握。简单的方法稳定性好，操作中不容易出错。同样，在股市交易中，简单的交易方法更容易赚钱。逐次交易相当简单，几乎是一种机械的、傻瓜式的交易方式，其交易规则一看就懂，很快就能上手。

# 第二章
# 逐次交易的三个基本策略

我们随时都在买入卖出、卖出买入，我们依靠活跃赚钱。

——詹姆斯·西蒙斯

你不愿意拥有一只股票10年，那就不要考虑拥有它10分钟。

——沃伦·巴菲特

有一句人们耳熟能详的话叫作"商场如战场"，对于股票投资来说，那就是"股场如战场"。战场和股场有某些相似之处：两个领域都充满了不确定性，都充满了对抗，相对抗的任何一方都渴望自己能成为赢家。在战争中，要想赢得胜利，就需要有正确的战略、战术和顽强的战斗意志。同理，在股票投资中，要想成为赢家，也需要有正确的投资策略、娴熟的交易技巧和良好的心理素质。投资策略与交易技巧好比战略与战术。战略、战术和战斗意志影响战争的胜负，而投资策略、交易技巧和交易者的心理状态决定投资的成败。采用什么样的投资策略，是每一个投资者都不得不认真思考的问题。

投资价值还是投资机会？集中持股还是分散投资？长期投资还是短线交易？这是股票投资中三个基本的策略问题，也是每一个投资者在股票交易中无法回避，必须面对和解决的问题。通过价值投资、长线交易和集中持股的方法获得成功的大有人在，而通过机会投资、短线交易和分散交易赚钱的也不乏其人。沃伦·巴菲特与詹姆斯·西蒙斯是两位风格迥然不同的投资大师，巴菲特的投资策略是投资价值，集中持股和长期投资；西蒙斯的投资策略是投资机会，分散投资和短线交易。他们两人都将自己的投资方法做到了极致，都取得了令世人惊羡的投资业绩，都从股市中获取了巨大的财富。可见，在股市中，成功的方法不止一种，所谓条条大路通罗马。巴菲特的投资方法固然高明，西蒙斯的交易方法也属明智，究竟哪一种方法更好，还需要投资者根据自己的情况而定。

对投资基本策略问题的不同认识，会形成不同的投资方法和交易系统。逐次交易既不同于纯粹的价值投资、长期投资和集中持股，也不是单纯的投机炒作、分散投资和短线交易，它的三个基本策略是：价值投资守正，价值投机出奇，价值投资与价值投机相结合；以长期投资为主，短线交易为辅，长期投资与短线交易相结合；横向集中持股，纵向分散投资，横向集中与纵向分散相结合。

## 一、价值投资守正，价值投机出奇

大部分的股票交易行为可以分为两种：一种是投资性交易，另一种是投机性交易。关于投资与投机，1976年格雷厄姆在回答《金融分析师杂志》访谈提出的问题时指出："股票有两个显著特征，一个是投资性，一个是投机性。"《投机的艺术》一书的作者菲利普·L.凯瑞特则将股票分为投机性股票和投资性股票。与之相应，交易的利润也可以分为投资利润与投机利润。约翰·博格说他在阅读凯恩斯关于投资的理论时，意识到有两种类型的投资者回报——投机回报和投资回报。很多人并不清楚自己在股市里究竟是在投资还是在投机，抑或是在赌博。股市里的人大都说自己是在投资，其实不然。有这样一种说法：以为自己是在投资的，大多数是在投机，以为自己是在投机的，大多数是在赌博。

格雷厄姆认为，分析普通股的投资与投机之间的区别总是有用的。全美广播节目《现金》的主持人、《纽约》杂志专栏作家、基金经理詹姆斯·克拉默将投资人分为投资型的投资人和买卖型的投资人两种。他指出："如果你界定自己是投资型的投资人，选择标的时应该以稳健为主要考量，一定要花时间找到好公司，再等好价位时才进场投资，中间可能得花几个月甚至半年时间，投资人要有耐心；如果是买卖型投资人，则不必花那么多时间在等待上，这类投资人讲究的是灵活、弹性，一切以市场波动为依据，以期在极短的时间内获得快速回报。"投资与投机是两种不同的投资策略。投资还是投机，这个问题始终影响着投资者的交易行为，关乎投资成败和投资效率。在交易中，每一个交易者都应该想清楚自己究竟是在投资还是在投机。为此，有必要厘清两者的区别。

（1）不管是投资还是投机，都需要做分析和预测，但两者分析和预测的内容不同。格雷厄姆在《证券分析》一书中，将投资定义为："投资是以深入分析为基础，确保本金的安全，并获得适当的回报，不满足这些要求的就是投机。"投资建立在对上市公司经营状况进行充分分析的基础上。而投机也需要分析和预测，投机行为是建立在对大众心理的猜测上。凯恩斯说投机是"预测市场的心理活动"。他把投机比作选美："投机如同选美，在有众多美女参加的选美比赛中，如果猜中了谁能够得冠军，你就可以得到大奖。"那么应该怎么猜呢？凯恩斯说，不要猜你认为最漂亮的美女能够拿冠军，而应该猜大家会选哪个美女做冠军。即便那个女孩丑得像时下经常出入各类搞笑场合的娱乐明星，只要大家都投她的票，你就应该选她，而不能选那个长得像你梦中情人的美女。回到股市，投机者认为，不一定要买自己认为能够赚钱的企业的股票，而是要买大家普遍认为股价能够快速上涨的股票，哪怕这个企业根本不赚钱。投机就是把这种选美的思维方式应用于股票市场。

（2）选择交易标的的标准不同。投资者会以股票的收益率、股息率、市净率、净资产收益率等指标选择股票，一般不会买入收益为负的亏损的股票、市盈率太高的股票、股息率太低的股票，对那些有财务造假等劣迹的上市公司，一定会避而远之。格雷厄姆认为，市盈率16倍是划分投资和投机的一个重要标准。虽然这个标准不是唯一的，却是必要的。在我看来，对于大多数普通股民来说，同样一只股票，如果以10倍的市盈率买入是投资，而以30倍的市盈率买入可能是投机，而以100倍的市盈率买入就是赌博了。而投机者热衷于炒作概念股、题材股、重组股、伪成长和伪高科技股等，他们往往对一只股票的每股收益、收益与分红比、股息率等漠不关心。在这个市场里，一些人买入市盈率超过好几十倍甚至超过百倍、千倍的股票，这样的人大多是在投机或者是赌博。投资者与投机者对股票现金分红的要求不同，多数投资者希望通过股票稳定、合理的现金分红得到比较满意的投资回报，对于一些投资者来说，股息率高低是他们选择和买卖股票的重要依据；而投机者对于现金分红不屑一顾，他们不会满足于每年3%、4%、5%、6%或者更多的股息回报，股息率高低不会成为他们选择和买卖股票的依据。

（3）应对股价波动的态度和方法不同。一般来说，在交易标的基本面没有太大变化的情况下，投资者是在股价下跌时买入，越跌越买，在股价上涨中卖出，越涨越卖；投机者则不然，他们往往会追涨杀跌。《大数投资》的作者齐东平教授指出："投资人最终判断自己以及他人到底是投资还是投机，划分标准就是股市或个股下跌中买进还是上涨中买进。"简而言之，只有在下跌中买进股票，持续下跌持续买进的投资人才是真正的投资人；反之，则可能是投机性交易。

（4）获取利润的方式不同。投资主要依靠所投资企业的发展，企业经营利润的增加，推动股价上涨和上市公司的现金分红来获取利润；而投机是利用股票价格的波动，从股价波动中获取利润。格雷厄姆说："投资者和投机者最实际的区别在于他们对股市运动的态度上，投机者的主要兴趣在参与市场波动并从中谋取利润，投资者的主要兴趣在以适当的价格取得和持有适当的股票。"投资是正和博弈，期望把蛋糕做大，博弈各方利益都会有所增加，或者至少是一方的利益增加，可以做到双赢或多赢。投机则是通过价格波动赚钱，赚的是股价波动产生的利润。投机是零和博弈，参与博弈的各方，有人赢，就会有人输，一方的收益必然意味着他方的损失。不仅如此，投机扣除交易成本后，必定是负和游戏，多数人必定会输钱。

（5）预期收益不同。投资者期望在控制风险的前提下有一个合理的回报，这样的预期收益期有实现的可能性。而投机者冒比较大的风险也要博取高额回报，过高的预期收益往往没法实现。施韦德认为，可以根据首要目的来区分投资与投机：投资的首要目的是保护资金，而投机的首要目的是增加财富。如他所说："投机是要让一点点钱变成一大笔钱，可能会失败。投资是防止一大笔钱变成一点点钱，应该会成功。"如果有15%左右的年复合收益率，投资者就会比较满意了，而投机者的期望会高得多，他们总是奢求暴利。

（6）对交易的安全性态度不同。投资者要求交易具有一定的安全性，而投机者更关注高收益。凯恩斯认为投资者应该把"安全第一"当成首要原则，以确保自身安全并维持稳定的发展。他说："安全第一的策略实际上是必不可少的。而一旦你实现了安全第一，就能获得资本利润。"格雷厄姆则用"安全边际"来表述投资者对于投资安全的要求。所谓安全边际，简单地说就是股票价格与内在价值相比的折扣。按照格雷厄姆的说法，安全边际可以"基于统计数据的简单和确定的算术推理"。而投机者大多不重视或不在乎"安全边际"，其买入价格不与股票的真实价值挂钩，只是对股价走势进行预测，推测股价上涨或者下跌。

（7）持股的时间不同。投资者可以长时间持有股票，耐心等待；投机者则是快进快出，期望立见分晓。投资者的投资方式主要是买入并持有被市场低估的股票，等待价格向价值回归，这一回归的过程通常是漫长的，需要时间，需要耐心等待。而投机一般是短线交易，总希望一买就涨，天天赚钱，一夜暴富。投机者是根据市场行情下注，预测赌对了还是错了，市场实际走势很快就会给出答案。

在厘清投资与投机二者区别的同时，应承认这种区别有时并不是那么清晰。投资、投机与赌博的界限往往是模糊不清的，就像三个相互交叉的圆，一个套着一个，互相重叠，投资或多或少带有投机甚至是赌博的成分。《投机的艺术》一书的作者菲利普·L. 凯瑞特说："毕竟，我们很难划清投资与投机、投机与赌博之间的界限。"爱德华七世的私人银行家欧内斯特·卡赛尔曾经这样说过："在我年轻时，人们说我是赌徒。随着我手中操作的资金的规模不断扩大，我成了人们口中的投机者。现在大家叫我银行家。事实上，我一直在做着同样的事情。"伯纳德·巴鲁克说："没有任何投资不带风险或赌博成分。"有"债券天王"之称的比尔·格罗斯说："赌博与投资的本质是相同的，我赌博时，我不认为这是在赌博，我认为这是在投资。对于赌博，我要求有广泛的理财素质。"格雷厄姆希望投资者必须认识到"普通股投资固有的投机因素"，并做好面对逆境的准备。在格雷厄姆看来，普通股投资本身就具有投机性，这种投机性是普通股与生俱来的，是天生的。巴菲特在 2000 年致股东的信中说："投资与投机的分界，历来就不会明朗和清晰，尤其是当大多数市场参与者享受着最近的胜利时，更是如此。"

实际上，在投资者与投机者之间有数不清的过渡群体，他们的动机是混合的，我们不可能画出一条明确的界线，说其中的一部分是投资者，另一部分是投机者。再说哪一次投资不包含几分赌性？查理·芒格多次将赛马赌博时用的同注分彩法作为自己投资股市时的一个思考角度。芒格认为："对我们来说，投资就相当于在与同注分彩系统展开争夺。我们下注给那匹有一半机会能赢并能带来三倍回报的马。你就是要寻找这样异常的赌博机会，你还必须非常清楚地确定机会是否真的异常，这就是价值投资。"

约翰·博格指出："股票市场看上去非常复杂和神秘，其收益率却是由两个因素简单的相互作用决定的：投资收益，如股息分红和利润增长；投机收益，如股票价格变化而产生的收益……真的！情况就是这么简单。"他将投资收益比作百吉饼，结实可靠，有营养；将投机收益比喻为多纳圈，美味可口。我们既要百吉饼，也不放弃多纳圈。G. C. 塞尔登在《逆向交易者》中说："从某种意义上说，市场实际上是投资者和投机者的比拼。真正的投资者主要看重股息回报率，但绝不会反对通过低买高卖获取利润。"

信息论的创始人克劳德·艾尔伍德·香农告诉自己的学生："在股市赚钱的方法就是套利。"香农在麻省理工学院的一次讲座中，首先让听众设想有一只上蹿下跳的股票，价格在不停波动，我们根本不能预测这只股票的最终趋势。在这种情况下我们如何赚钱？香农提供了一种很独特的方法——建立一个现金和股票占相同比例的投资组合，并定期重新平衡，以利用股价的随机波动获利。这种方法被人称为"香农的恶魔"。但实际上，香农并没有通过这种半仓投资方式赚到大钱，他在其一生中赚的绝大部分钱还是来自价值投资。香农最终成为一名长线投资的基本分析者，很像巴菲特的投资手法。香农通过评价公司的管理和预测市场，根据市场对公司产品未来的需求来推测未来几年的收益增长。为了了解公司的管理层，香农夫妇经常走访上市公司，观察公司管理层的素质和企业的管理情况。他会注意对现实生活中商品的观察和体会，从中寻找出股票投资的机会。这点很像后来非常成功的基金经理林奇的行为方式。总的来说，香农最终放弃了他单纯的数学分析和数学模型，其投资方法与格雷厄姆、巴菲特、费雪等越来越相似，即着重发现未来几年或者几十年都有继续成长潜力的上市公司，然后集中资金投资在少数几家上市公司上，长期持有其股票，让利润增长。从20世纪50年代后期到1986年的近30年时间里，香农的股票投资组合的收益率大约为28%，是很了不起的投资业绩。香农持有哈里森实验室的股票32年，年复合收益率29%，当初他买入时股价只有1.28美分，到卖出时股价达35美元，增长了2000多倍，实现了香农夫妇梦想翻11次方的目标。香农从投机套利转向价值投资，也有人相反，从投资转向投机套利，如爱德华·索普。

其实，在这个市场中，纯投资的少，纯投机或投资与投机兼而有之的交易者则是大多数，就是那些口口声声说自己是坚定的价值投资者的人，其实有时候也会投机；一些坦然承认自己是投机者的人，也会依据价值投资的某些原则进行交易，在很多时候人们并不容易分清一种交易行为究竟是投资还是投机。从结果来看，一些不成熟的价值投资者的收益经常会落后于比较高明的投机者，甚至不如高明的赌徒。就连格雷厄姆这样的价值投资教父也不是完全排斥投机。他曾说："在了解投机之后，投机也是可以接受的。我们不应该把投资与投机简单对立起来，两者可以相互结合，互为补充。"实际上投机也不是一无是处，有人认为投机是一种保护资本、抵抗通货膨胀的方法，投机还有增加股市流动性、活跃市场的作用。杰拉尔德·勒伯在《投资生存战争》中写道："什么才是最安全、最好的投资方式呢？我觉得还是经过周密计划的投机交易。因为这种方式安全可靠，它可以为投资者免受损失、保护资本购买力，或者为资本具有持久的变现能力提供更好的机会。"

逐次交易既不是纯投资，也不是纯投机，而是一种将投资与投机相结合的交易方法，是一种建立在价值投资基础之上的投机，因此也可以将逐次交易称为"价值投机"。逐次交易根据股票的内在价值来选择股票、确定买入价格，在选股、买入等交易环节是坚定的价值投资。在逐次交易中，投资者应选择物美价廉、真正有投资价值的股票作为交易标的，在买入建仓时严格坚持价值投资的要求，不在初始买入时买入股价过高的股票，在买入时一定要留出安全边际。持有、卖出、仓位控制等交易环节，逐次交易则是价值投机，即便是股价没有回归或超过内在价值时，也会逐次卖出，为的是可以在更低价时再买回来，这样的交易是在价值投资的基础上投机。尽管有投机的成分，但从本质上说，逐次交易是一种价值投资，离开了内在价值，逐次交易就失去了基础，失去了标准，就没有了最重要的依托。但逐次交易又不同于纯粹的价值投资，在逐次交易中，交易者会抓住股价波动中产生的获利机会，用有规律、程序化的短线交易套利。逐次交易以价值投资为正，以投机套利为奇，既赚取企业成长和发展带来的利润，同时也赚取股票价格波动产生的利润。

孙子曰："凡战者，以正合，以奇胜。故善出奇者，无穷如天地，不竭如江河。"逐次交易是以价值投资守正，以价值投机出奇，有时以正为奇，有时以奇为正，奇正结合，努力争取超过市场平均收益水平的利润。价值固然可贵，机会也很重要。在逐次交易中，我们以投资的眼光投机，以投机的手段投资，既追求投资利润，也追求投机回报。

## 二、长期投资为主，短线交易为辅

长期投资和短线交易，是两种不同的投资策略，如何在二者中做出选择，是交易中必须面对的又一基本策略问题。逐次交易的投资策略是以长期投资为主、短线交易为辅，长期投资与短线交易相结合。

推崇长期投资的人认为只有长期投资才是投资正道，对短线交易不屑一顾，他们认为短线交易、频繁买入卖出是亏损之源。在他们看来，只有减少交易、长期投资才是股票投资的不二法门。巴菲特是长期投资的典型代表，巴菲特说过，他最喜欢的持有时间是永远。他说："你不愿意拥有一只股票 10 年，那就不要考虑拥有它 10 分钟。"巴菲特一再告诫投资者：买入并持有。他将短线交易比喻为在推土机前面捡硬币，利小又危险。巴菲特的合伙人，99 岁的查理·芒格对中国股民热衷于短线交易不以为然。他曾在伯克希尔一年一度的股东大会上说："中国的个人投资者持有期通常都很短，他们喜欢赌博，这真是太蠢了，简直难以想象。"

喜欢短期线交易的人认为只有短线交易、快进快出，才能获得超过市场平均水平的投资收益。在说到赚钱的诀窍时，擅长短线交易的西蒙斯直言不讳地说："我们总是不断地买进、卖出，我们之所以赚钱，就是靠我们不断的交易。"巴菲特曾经用捡硬币来比喻短线交易的风险，西蒙斯也用捡硬币来比喻短线交易，他将短线高频交易形容为不停地弯腰捡硬币，虽然每一次获利不多，但可以快速积累利润。西蒙斯的盈利模式就是通过短线高频交易，不断地、快速地赚取价格微小波动产生的利润，从而获取稳健持续的收益。西蒙斯通过频繁短线交易，同样取得了成功，从股市中赚得了巨大的财富，他的成功说明短线、高频交易也是可以赚大钱的，关键在于掌握正确的方法。

在很多人看来，长期投资与短线交易是两种互不相容的投资方法。或者做长期投资，或者做短线交易，只能择其一。实际上，这两种方法各有所长，各有所短，可以互为补充。

长期投资的优点是不言而喻的，只有长期持股，才不会错过不期而至、突如其来的大幅上涨行情。《纽约客》杂志专栏作家马尔科姆·格拉德维尔曾经说过这样一句名言："在眨眼之间获得的财富，或许会和几个月的理性分析所带来的回报一样可观。"我们不知道股价什么时候会上涨，正如美国金牌财经节目主持人、《纽约时报》专栏作家克拉默告诫投资者："要想发现牛市，你就必须驻守在股市中。"这也是经验之谈，轻易不要离开这个市场，因为也许就在你离开的那一小段时间，牛市来了。这样的例子举不胜举。投资界有句话："当闪电打下来的时候，你必须在场。"如果不是长期投资而是短线交易，很有可能当闪电打下来的时候，你恰恰不在场，就会错过赚钱的机会。

《投资艺术》的作者查尔斯·艾里斯指出，短期投资很容易错过股市最好的日子，根据他的研究："拿掉股市表现最好的 10 天，平均投资报酬率就会下降 1/3，从 18% 降到 12%，这 10 天占整个投资时间的比率不到 0.5%；拿掉次佳的 10 天后，几乎又使投资报酬率再减少 1/3，降为 8.3%；去掉表现最好的 30 天后，这 30 天占整个时间的 1.5%，投资报酬率就会从 18% 降到 5%。"《黑天鹅》一书的作者戴纳西姆·尼古拉斯·塔勒布研究发现，在过去 50 年中，标普 500 指数的回报有一半是在 10 个交易日实现的。如果在这 10 天内，你未持有股票，你 50 年的回报将会缩水一半。

中国股市历史也证明了这一点。数据显示，自 2000 年 1 月 1 日至 2017 年 12 月 31 日的 18 年间，上证综指的累计涨幅为 142%。但有意思的是，在这 18 年的时间里，涨幅最大的 10 个交易日的涨幅简单累加数值为 85.91%。如果剔除这 10 个交易日，这 18 年的累计收益率缩水近 2/3，降至 56.09%。而过去 18 年间，涨幅最大的 20 个交易日的简单累加涨幅是 144.36%，若是剔除涨幅最大的 20 个交易日，18 年投资收益率将变成 −2.36%，换句话说，在这 18 年中，如果你错过了这 20 个交易日，在大盘累计上涨 142% 的情况下，你反而将亏损 2.36%。想一想，一位投资者如果在涨幅最大的 10 个或 20 个交易日没有持有股票，那是多么遗憾的事情。正如巴菲特所说，在 1995 年，"如果一只猴子向写着股票的纸掷飞镖，那只猴子平均也能赚上 150%"。中国股市也是这样，在 2006 年至 2007 年和 2014 年至 2015 年的某一段时间里，都有这样大赚的机会，关键是这时候你必须在股市里。长期持股的逻辑就是这样：股市的大行情不知道什么时候来，如果大行情突然来了的时候你没有持有股票，那么你就会错过行情。因为我们不知道什么时候行情会来，所以，最好是始终与市场保持接触，一直持有股票。

长期投资符合商业常识和投资逻辑。按价值投资的原则，在价格低于价值时买入，在价格远高于价值时卖出，而等待股价回归并超过价值需要时间，股票的价值回归不是一朝一夕的事情。正如巴菲特所言："拥有一只股票，期待它下个早晨就上涨是十分愚蠢的。"股票市场的另外一个特点就是长期上行，螺旋式上行，缓慢上行。比如从美国股市的情况来看，有人注意到，即使发生亏损，只要投资者持有 5 年，亏损的概率就可以降至 11%；持有 10 年，亏损的概率就可以降至 2%；如果持有 15 年，那么投资者的亏损就会降至 0。当然，前提是投资者买的股票不能错得太离谱。其实，A 股的情况也差不多。股票投资者一定要认识股票市场波动上行的特点，波动上行意味着今天的波峰必定会被以后的波谷所超越，它所揭示的秘密——长期投资一定能够化解损失，长期投资可以赚大钱。超额利润一定蕴藏在长期投资中，从股票投资中变得大富大贵的那些人，大都是长期投资者。短线交易，频繁在股市里面进进出出、忙忙碌碌的人，则很少有超级富豪。

股市中有句话叫"看大势，赚大钱"。什么是大势，大势就是大波段，大波段一般需要较长时间的酝酿。如果立足于"看大势，赚大钱"，就不会为股市短期内的起伏所困扰，才敢于放长线钓大鱼。应该承认，在股市上真正赚大钱的人是那些在低价位买入优质股，然后耐心持有、等待股价大幅度上涨的长期投资人。长期投资以巴菲特最为典型，巴菲特坚持买入并持有的策略，他说："我认为把这种频繁交易的机构称为投资者，就如同把经常体验一夜情的人称为浪漫主义者一样荒唐。"投机大师杰西·利弗莫尔一生起起落落，八次成为百万富翁，破产的次数也差不多一样多。1932 年，他在华尔街一间浴室中举枪自尽。在他的经典书籍《股票作手回忆录》中他感慨道："通过这么多年的投资生涯，我发现大钱从来都不是在买入和卖出中赚到的，大钱是在等待中赚到的。"

长期投资选时难度小。短期股价是很难预测的，股市是无数参与者的布朗运动，股价的短期走势是由大众心理决定的，而其长期走势则取决于上市公司的赢利能力，比如每股收益和每股净资产等。比较容易判断的只能是长期趋势，股价长期向上的趋势是相对稳定的。巴菲特说："我对预测股市的短期波动并无所长，我对未来六个月、未来一年或未来二年内的股票市场走势一无所知。"相反，他认为股市的长期趋势非常容易预测："我认为股市长期趋势预测相当容易。格雷厄姆曾经告诉我们为什么会如此，'从短期来说市场是一台投票机，但从长期来看股市却是一台称重机'。贪婪与恐惧或许在投票时很起作用，但在称重时却没什么用。"

长期投资交易成本低。每一次买入或卖出都会产生费用，包括印花税、手续费、过户费，有的情况下还有利息税，合起来也是一笔不小的费用。如果短线交易的利润空间不大，忙来忙去都是在给证券公司和税务部门做贡献。而长期持股，上述费用就会比较少，按有关部门规定，分红后如持股时间不超过一个月，股息红利税按 20% 征收，如超过一个月、不超过一年，按 10% 征收，如超过一年，股息税可以全免。查尔斯·埃里斯研究表明：交易次数越频繁，投资收益就越少。资金周转如果超过 200% 的投资者，除非其每一笔交易都超过市场平均市盈率几个百分点，否则就无法达到股市的平均收益水平。

长期投资省时省力，对于投资人的影响比较小。股票交易毕竟不是我们生活的全部，甚至不能成为我们生活中最重要的东西，而短线交易是一项很繁重的工作，每天都需要面对纷至沓来、复杂矛盾的信息，操作者只能在有限的时间里快速决策，几乎来不及深思熟虑。在交易进行的过程中，交易者往往需要时刻关注股价变化，费神费力，不利于身体健康。曾经在美国华尔街打拼的韩国股市分析家李静淑在其写的《聪明的杀手——我在华尔街的日子》中提到华尔街有一种说法："人只要跨进华尔街，寿命就会变得和狗一样短。"她说："要知道狗的平均寿命约为人类的七分之一，而在华尔街打拼的人，精神上、肉体上所承受的压力不是平常人可以想象的。因此，华尔街的一年，相当于外界的七年一样漫长，华尔街人的衰老速度也比外界人士快七倍以上。"这种说法虽然过于夸张，但也说明频繁交易对于健康的损害。我们看到太多的投资界人士，因为压力过大和紧张过度而英年早逝。投资本是为了更美好的生活，健康是本，如果因为投资损害了健康，那就本末倒置了。而长期投资的人压力就会小得多，巴菲特说自己是每天跳着舞去上班。他认为那些和他共事的人，也拥有相同的心态。他说："我们觉得自己都是玛士撒拉（《圣经·创世纪》中的人物，据传享年数百岁，用以比喻非常高寿的人）。"在一次伯克希尔的年会上，有一位股东问巴菲特，既然他已经成为美国最富有的人，那么他接下来的目标是什么。巴菲特回答说："这很容易回答——我接下来的目标是成为美国最长寿的人。"像巴菲特和查理·芒格那样长寿的投资人有很多，比如100多岁还在投资，活了107岁的罗伊·纽伯格，他的十大投资策略之一就是长期投资。被巴菲特奉为老师的菲利普·费雪享年96岁，92岁的时候还在工作。《巴菲特也会错》的作者瓦罕·简吉恩说得对："采用长期买入并持有的投资者可以有更多的时间来享受生活。"只有活得长，才能赚得多。

凡事皆有利弊，长期投资也有缺陷。

长期投资的选股难度大。可以用来长期持有的股票必须是非常优秀的股票，只有这样的股票才能经得起时间的考验，才可以穿越股市牛熊。而非常优秀的股票一定是百里挑一的，在众多股票中挑到三五只适合长期持有的股票，不是一件容易的事情，长期投资需要高超的选股能力。巴菲特说过："最优秀的股票是极为难寻的，如果容易，岂不是每一个人都能拥有它们？"实际也是如此，很多人都没有选中值得长期持有的股票的幸运。如果选的股票质量有问题，投资者可能会面临企业经营状况变化的风险。

在长期持股时，投资者总是会担心难以预料的企业经营风险，企业经营状况发生重大变化的风险，长期投资需要长时间面对上市公司经营中的种种不确定性。

长期投资不可避免会坐过山车。假如你没有避开股市表现最差的10天、20天、30天，那你的损失会同样大。查尔斯·艾里斯自己也承认：如果能避开表现最糟糕的10个月，1美元会暴增到63.39美元。何况，股市常常会在相当长的时间段里盘整。花旗银行的一位股票分析师指出，标普500指数从1998年12月到2010年11月的12年时间里几乎没有上涨。A股市场也有这种长期不涨的情况。与卖早了相反，股市中常有的另一种情况：股价在高点的时候没有卖出，在你不经意间，股价从高点又跌下来了，就是常说的坐了过山车。在股价的大起大落中，投资者像坐过山车一样，一会儿在顶峰，一会儿在谷底。在股票投资中，我有无数次不是卖出过早就是卖出过晚，不是买入太晚就是买入太早的经历。这样的遗憾，很多人都难以避免。

短线交易也不是一无是处，也是有利有弊。一段时间里我以为只有长期投资才是股票投资之正道，才能赚大钱，短线交易乃旁门左道。后来在了解到詹姆斯·西蒙斯、爱德华·索普等人的成功交易后，才知道短线交易也可以赚大钱。西蒙斯的短线交易时间可以比一天还短，甚至可以用小时、分钟来计算，他通过捕捉市场大量异常的瞬间来赚钱。他说："市场没有什么明显的套利机会。但是，我们关注的是那些很小的机会，它们可能转瞬即逝。这些机会出现之后我们会做出预测，然后进行相应的交易。"西蒙斯强调，自己在交易时从来没有任何先入为主的概念，而是只寻找那些可以复制的微小获利瞬间，决不以"市场终将恢复正常"作为赌注投入资金。他的大奖章基金通过上百台电脑、数十个交易员，一日数千次快速的日内短线交易来捕捉稍纵即逝的获利机会。大奖章基金从1989年至2009年的20年间，平均年回报率高达35%，较同期标普500指数年均回报率高 20 多个百分点，比"金融大鳄"索罗斯和"股神"巴菲特的操盘表现都高出 10 余个百分点。西蒙斯本人极其推崇短线套利、频繁交易，无论是 1998 年俄罗斯债券危机，还是 21 世纪初的互联网泡沫，大奖章基金历经数次金融危机，始终屹立不倒，令有效市场假说黯然失色。即便是在次贷危机爆发的 2007 年，该基金的回报率仍高达 85%。频繁交易的短线操作正是西蒙斯躲过冲击的法宝。西蒙斯和巴菲特的成功说明，长期投资与短线交易都有可能在投资中取得长久稳定的回报。

逐次交易不同于纯粹买入并持有的长期投资，也有别于不停地转换交易标的的短线交易，逐次交易既是长期投资，也是短线交易。说其长，在逐次交易中，可以 1 年、2 年、5 年，甚至更长时间固定交易一只股票，而不更换交易标的；说其短，在股价波幅大的交易日里，可以一日几次、十几次、数十次地逐次买入或逐次卖出。逐次交易是建立在长期投资基础上的短线交易，是一种长期投资与短线交易相结合的交易方法。

逐次交易可以与长期持股相辅相成，互为补充。长期持股是逐次交易的基础，如果没有长期持有的股票仓位，股价稍有上涨，则无股可卖，逐次交易就成了无源之水、无本之木。通过逐次交易，可以不断高抛低吸，降低长期持有股票的成本，减少长期投资的风险，可以使投资者更容易坚持长期投资。

逐次交易与长期持股在一定情况下可以互相转换。如果逐次买入后股价持续下跌或长时间小幅盘整，没有卖出机会，那就将逐次交易的仓位转为长期仓位，长期持股，耐心等待股价上涨，待回升到我们事先设定的价格区间再开始逐次卖出。如果股价总是不能回升到我们事先设定的价格区间，那就继续等，等股价上涨，等分红，反正是逐次买入，持股成本相对便宜，选的股票分红率也相对比较高，将逐次交易转为长期投资也是不错的选择。如果买入后股价连续上涨，那就逐次卖出。如果股价一直向上，已经卖出了计划中的逐次交易的仓位，可以考虑将一部分长期仓位转为逐次交易仓位，继续卖出，直到超过事先划定的交易的价格区间，卖出全部股票，决不追高，耐心等待股价回落到我们事先设定的价格区间；或者寻找新的交易品种，另起炉灶。实际上，很少有只涨不跌的股票，也很少有只跌不涨的股票。逐次交易是立足于大数法则的套利行为，股票涨多了一定会下跌，跌多了一定会上涨，这几乎是毫无疑问的。所以，逐次交易总是会有交易套利的机会。

逐次交易也不同于没有规律的短线交易，逐次交易是一种有规律、程序化的短线交易，是一种长短兼顾、攻防兼备的交易方法。如果股价没有达到投资者事先预设的买卖价位，有时候可以几天、十几天没有交易。如果股价达到预设的买卖价位，可以一天内做多次交易。逐次交易也可以不用时时盯着电脑，因为这种交易是有规律、程序化的，可以按交易规则提前下好委托单，然后就可以去做其他事情了。在股市开始交易后，股价一旦达到了交易者事先委托的价位，就会成交，或者买入，或者卖出；如果股价没有达到交易者事先委托的价位，那就改日再来。实际上，股价波动天天有，最多等待几个交易日就会出现交易的机会。

## 三、横向集中持股，纵向分散交易

集中还是分散，是股票投资中又一基本策略问题。集中与分散，各有利弊，美国人迈克尔·麦洛在其所著的《股市名言》中总结了若干股票投资定律，其中一条就是"集中投资可以暴富，但分散投资才能保住财富"。

集中投资，集中使用资金于少数交易标的，就像战争中集中使用兵力一样。而集中使用兵力历来被视为是一种高明的战略战术，卡尔·马克思指出："战略的奥妙就在于集中兵力。"克劳塞维茨说："战争中最重要而最简单的准则是集中兵力。"中国历史上有过许多集中使用兵力的辉煌战例。在明末清初具有决定性意义的萨尔浒之战中，面对明朝的四路大军，处于弱势的努尔哈赤说："凭尔几路来，我只一路去。"在数万人对明朝十多万人的劣势情况下，努尔哈赤集中兵力，先打一路，再攻其余，以少胜多，大败明军，此战影响了明清历史的进程。毛主席更是集中使用兵力大师，在集中与分散的问题上，我们可以从毛主席的智慧中得到很多启发。毛主席的十大军事原则之一就是集中优势兵力。但他不是什么时候都讲集中，早在井冈山斗争时期，他就总结出分兵以发动群众，集中以应付敌人的斗争策略。该聚则聚，该分则分，一切全看实际情况和需要，绝不拘泥于任何条条框框，是古今中外一切战争中克敌制胜的普遍法则。股场如战场，用钱如用兵，集中资金投资与集中优势兵力的道理是一样的。在投资中，分散是为了减少风险，集中是为了抓住获利机会，获取尽可能多的利润。

股票投资取得超常收益的奥秘是集中使用资金，看准了，下大注，这是一些人投资成功的秘诀。有人仔细观察那些在股市中赢得巨大财富的投资者，发现这些成功的人都有一个"暴利累积"的阶段——在短短几年内获得十几倍甚至几十倍的投资回报。而这种暴利几乎都归于同一个原因：在市场低迷期间，集中、重仓持有优质企业的股票，等待并迎来股价大幅度上涨。

著名的英国经济学家凯恩斯、投资大师费雪都是集中投资的倡导者。1934 年凯恩斯写过这样一段话："随着时间的推移，我越来越确信正确的投资方法应当是将大量资金投入你了解的、完全信任其管理模式的公司。选择过多知之甚少也没特别理由信任的公司，以此控制风险的做法是错的。"凯恩斯在掌管剑桥皇家学院的宝柜基金时一直坚持集中投资。他在给合伙人的信中说："那种通过撒大网来降低风险的想法是错误的，因为你对这些公司知之甚少，更别说有特别的信心了……我们每个人的知识和经验都是有限的，在某一个特定的时间段里，能够有信心投资的企业也不过 2 ~ 3 家。"1928 年至 1946 年，发生了世界经济危机和第二次世界大战。美国大盘股的年复合收益率大约为1%，英国股市的年复合收益率大约为 −0.89%，而凯恩斯管理的剑桥大学国王学院切斯特基金的年复合收益率为9.12%。

巴菲特更是集中投资的典范。他说："我不会同时投资50或70家企业，那是诺亚方舟的传统投资法。我喜欢以适当的资金集中投资于少数优秀企业。"巴菲特认为："多样化是无知的保护伞。如果你对投资略知一二并能了解公司的经营情况，那么选三家价格合理且具有长期竞争优势的公司就足够了。"他提醒投资者，"投资股票的数量决不要超过15只，这是一个上限，超过这个数字，就不能算是集中投资了"。他说："对你所做的每一笔投资，你都应当有勇气和信心投入你净资产的10%以上。"纵观巴菲特的投资历程，有很多通过集中投资获得巨大利润的例子。他曾经将自己投资组合的70%投资于盖可保险公司；也曾将其合伙公司40%的净资产约1300万美元投资于美国运通公司，买下了运通公司5%的股份。从1977年至2008年的31年间，在巴菲特的投资组中，他的资金始终集中在少数几只股票上。20世纪70年代末期，他将股市中80%的资金集中在华盛顿邮报和政府雇员保险公司等几只股票上；到了2008年，仅可口可乐和富国银行两只股票，就占了他总投资的36%。巴菲特在谈到分散投资的弊端时，曾调侃说："当你有40个妻子时，你将永远不会知道她们此时此刻都在干什么。"2008年，巴菲特在一次回答对于集中还是分散的问题时说："如果我运作着5000万美元、1亿美元，或者2亿美元，我会将80%的资金分散投资在5只股票上，并在仓位最重的那只股票上投进25%的本金。"他不止一次打破了在一次投资中不超过净资产25%的原则。2020年伯克希尔年报透露，截至2020年一季度末，巴菲特前五大持仓占其投资组合的比重达69%，分别是美国运通，公允价值130亿美元；苹果，公允价值638亿美元；美国银行，公允价值202亿美元；可口可乐，公允价值177亿美元；富国银行，公允价值99亿美元。前五大持股合计为1246亿美元，约为当时伯克希尔整个投资组合持仓市值的 69%。截至 2022 年 12 月 31 日，巴菲特前五大持仓投资分别为苹果、美国银行、雪佛龙、美国运通、可口可乐。前五大持股为伯克希尔整个投资组合持仓市值的 70% 左右。巴菲特的合伙人查理·芒格将自己的投资集中在非常少的几只股票上，他将"非常少"定义为"不超过 3 只"。索罗斯取得巨大成功的奥秘就在于看准的时候敢下注，敢于重仓出击。当他发现一个能够获得巨额利润的投资机会时，他敢于将量子基金 80% 的资金全部投入其中，有时甚至会更多。这种不计后果的投资气度令许多投资者惊叹不已。卡耐基是最早闻名于世的超级富翁，当别人向他请教理财建议时，他告诉对方："集中你的精力、你的思想和你的资金。聪明人总是把鸡蛋放在一个篮子里，然后看好篮子。"

集中投资的优势显而易见，但并不是所有的投资者都适合集中投资。集中投资有集中投资的风险，将投资集中在优秀的股票上，可能会大赚，但不小心碰上破产退市、股价闪崩的股票，结果是灾难性的。集中还是分散，应因人而异，总的来看，对于交易高手来说宜集中，对于交易水平一般的人来说宜分散。虽然凯恩斯主张集中投资，但他认为并不是所有人都适合集中投资，对于那些缺乏价值投资技巧的投资者来说，更适合的选择还是完全分散的投资策略。他认为只有技艺超群的投资者才适合集中投资。对那些没有价值投资技巧的投资者来说，"将投资分散在尽可能多的领域，这在完全无知的假设上可能是最聪明的计划。很可能没有比这个更安全的假设"。巴菲特也同意凯恩斯的上述观点，认为一些投资者——那些完全无知的投资者——应该分散化投资。1998 年，针对普通投资者，巴菲特说："或许 99% 的投资者都应该采用广泛的分散投资策略。"而对于大多数的普通股民来说，合理分散可能是更好的。巴菲特在其他不同的场合也劝大部分投资者分散他们的投资组合，为了做到这一点，他建议投资者投资指数型基金。2003 年巴菲特在给股东们的信中写道："指数基金价格低廉（如先锋集团），从道理上来讲，购买它是投资者以及那些想拥有股票的人们的最佳选择。"随着时间的推移，是不是巴菲特变了呢？不是，巴菲特的观点始终没有变，只是针对的投资主体不同。2008年，当商学院的学生问巴菲特对于投资分散化的看法时，巴菲特回答说，自己对投资分散化有两个看法，"如果你是一名专业的投资人，而且充满自信，那么我主张更多地进行集中投资。对于其他人而言，如果你玩不来这个游戏，那就去参与分散化的投资"。查理·芒格说："专业投资者投资成功的秘诀是不要分散投资，但如果你是一个对投资一无所知的业余投资者，那么投资成功的秘诀就是分散投资。"

完全反对集中投资，主张分散的也大有人在。西班牙大作家塞万提斯在他的名著《堂吉诃德》中写道："不要把所有的鸡蛋放在一个篮子里。"最早将这一说法引入投资领域的是1990年诺贝尔经济学奖获得者、美国经济学家马科维茨——他率先提出分散投资理论。他的核心观点是，在分散投资时，不但要考虑风险和收益，还要考虑独立投资之间的相关性。他认为，鸡蛋必须放在不同的篮子里，使你的投资分布在彼此相关性低的资产类别上，以减少总体收益所面临的风险。通俗地说，就是把你的财产看成一筐鸡蛋，然后把它们放在不同的篮子里，万一有一个或几个篮子打翻了，你仍然还有其他几个篮子的鸡蛋，至少不会全盘皆亏。当然，这些篮子要"彼此相关性低"，如股票、债券、房产，甚至是不同的实业项目。

分散投资就是希望分散投资风险，以免孤注一掷失败之后造成巨大的损失。那么，该如何分散呢？卡拉曼认为一个投资组合应该包括10～15只股票。格雷厄姆则倡导有限的分散化。在《聪明的投资者》一书中，他主张投资组合中最低持有10只股票，最多持有30只股票。但格雷厄姆一生中赚得最大的一笔钱，不是来自分散投资，而是来自集中投资盖可保险的利润。

达摩达兰认为："如果你不清楚哪些资产价格便宜，哪些资产价格贵，你就应该在考虑交易成本的大前提下，尽量将投资分散化。……如果你投资的是权益资产，你几乎无可避免地需要进行分散。"他认为投资者永远无法确切地知道某项资产的价值。分散投资的好处是可以降低风险，当股市出现大幅下降时，或者是某只、某几只股票出现问题时，还有其他股票在手，不至于全军尽墨。

邓普顿集团的创始人约翰·邓普顿认为："除非你的每一个投资决策都百分之百正确，否则你就应该分散投资以降低风险。"在担任共同基金的所有年头里，当他为别人理财的时候，始终坚持分散投资。但他并不排除集中投资，他经常用自己的钱进行集中投资。他说自己有时候拥有几百只股票，有时候持有的股票不超过10只。尽管如此，他还是认为大多数投资者应该分散投资。

集中投资获得巨大成功的例子很多，但通过分散投资积累巨额财富的也不乏其人。彼得·林奇就是典型的分散投资者，在其担任麦哲伦基金的基金经理的13年间，其所管理的资产总值由2000万美元增至140亿美元，年均复合收益率高达29.2%。彼得·林奇被称为"分散投资的大师"，因为他的股票池里常年有1000多只股票，《巴伦周刊》曾讽刺他：市场上没有彼得·林奇不喜欢的股票。西蒙斯也是通过分散投资取得了不俗的成绩，他的大奖章基金通常同时交易成百上千只股票，实属高度分散。分散投资最大的好处就是可以减少和降低投资风险。

对于如何分散，全美广播节目《现金》的主持人、《纽约》杂志专栏作家、基金经理詹姆斯·克拉默认为，要建立一个真正可以分散风险的投资组合，必须至少购买5家不同公司的股票。这5只股票：一只当地企业的股票——你必须非常了解这只股票；一只石油类股票，因为这类公司的表现最平稳，且有高股票利、现金流量大等优点；一只知名企业绩优股，如收益率高的大集团的股票；一只金融股，如银行、保险公司等；一只自己选择的投机股——直觉告诉你这是一只可以赚大钱的股票。对于分散投资，有一种方法可以参考，这个方法是中国人民大学商学院教授齐东平在其《大数投资》一书中提出来的：选择30家以上不同行业的上市公司构建投资组合，将投资分为30份，投入一个行业的资金占投资总额的比例一般不超过3%。如果投资总额为90万元，投入一个行业的资金就是3万元。并且这3万元也不是一次买入或卖出，而是随着市净率和市盈率的降低，在市净率为2倍、1.5倍、1倍时分几次买入。卖出也是随着市净率和市盈率的增加分几次卖出。

集中还是分散，这是一个难以定夺的选择。在这个问题上，逐次交易的做法是：横向集中持股，纵向分散交易，集中持股与分散交易相结合。

所谓横向集中持股，就是同时交易的股票要少而精。对于大多数交易者来说，一般情况下，只用一到三只股票做逐次交易，最多不超过三只股票，这样才能集中资金，可以逐次买入或逐次卖出。所谓纵向分散交易，就是高度分散使用资金，将资金或股票分成数十份、上百份，甚至数百份，用来逐次买入或逐次卖出，每一次交易只买入或卖出一份。

横向集中，纵向分散，形成股票集中、仓位分散的整体布局，这样的布局既来自股市中不断摸索的体验，也是来自历史的启示。法国在"一战"后开始建立的马其诺防线，从隆吉永至贝尔福长达390公里，它连接了梅斯堡垒地域、萨尔地域、劳特尔堡垒地域、下莱茵堡垒地域和贝尔福堡垒地域。防线的宽面由纵深4～14公里的保障地带和纵深6～8公里的主要防御地带构成。马其诺防线横向宽390公里，纵向深10多公里，是典型的宽正面、小纵深，这样的小纵深防御体系必定是脆弱的，后来战争的结果也证明是如此。横向分散投资就像马其诺防线一样，没有纵深的防御体系必定是脆弱的。反观"二战"期间苏军用大纵深策略对抗德军的坦克集团，结果反败为胜。在投资中我们同样需要大纵深，依靠大纵深可以抵御不期而遇的风险。横向集中持股、纵向分散交易的意义就是让交易者持有的资金和股票形成纵深，从而应对股价大幅度波动。如果横向分散持股，则资金不敷使用，无法进行纵向分散交易。只有横向集中持股，才能纵向分散交易。与其横向分散持股以求降低风险，不如通过纵向分散交易来降低风险。横向分散持股，在股票价格大幅度下跌时自己持有的股票无法彼此照顾，纵向分散交易，在股票价格大幅度下跌时可以继续买入，摊低持股成本，在股价大幅度上涨时可以持续卖出股票，不断兑现利润。横向集中与纵向分散相结合是逐次交易的又一重要策略。

# 第三章
## 逐次交易的投资逻辑

价格波动对真正的投资者只有一个重要的意义：当价格大幅下跌后提供给投资者买入的机会，当价格大幅上涨后提供给投资者出售的机会。

——本杰明·格雷厄姆

从赚钱能力来说，逐次交易并不是最赚钱的交易方法，更赚钱的交易方法也许是巴菲特式的——看好了重仓买入，长期持有，等到一个满意的价位，就卖出获利了结。抑或是西蒙斯式的——快进快出，充分利用市场波动，不停地从股市中获得利润。那么，为什么不建议用上述两种方法做股票投资呢？因为上述两种投资方法在实盘交易中很难把握。之所以用逐次交易的方法做股票投资，是因为以下四点。

## 一、简单，容易掌握

用逐次交易做股票投资的一个重要原因是这个交易方法非常简单，其他诸如集中买入、长期持股，以及建立在技术分析基础上的波段交易等投资方法，都具有相当的复杂性，难度比较大，在实盘交易中很难把握。而逐次交易操作简单，容易掌握，大大降低了股票投资的难度。

在选择股票这个环节，逐次交易不奢求交易者选到最好的股票。这并不是说我们不想投资最优秀的股票，而是因为在投资中，选中最优秀的股票是很难做到的事，我们很难准确地判断一只股票的真实价值，大多数普通投资者都没有办法透彻地了解一家上市公司的全部真实情况，甚至不能判定其财务数据是真是假。上市公司的很多内幕不是普通投资者可以了解的，在很多情况下只能是雾里看花、水中望月。公开资料能够告诉我们的总是十分有限的，更何况一些上市公司常常作假，让人对其财务数据的真实性产生怀疑。实际上，只有上市公司大股东、实际控制人、重要股东和公司管理人才能真正了解和掌握上市公司的真实经营情况。当然，一些人脉资源丰富的投资者也有可能了解上市公司的真实情况，巴菲特在决定重要投资时，往往会与他将投资的上市公司老板深入交谈，通过这种谈话来判断这家公司的真实的经营情况，判断这家公司管理者的能力、人品，等等。巴菲特的投资策略是寻找自己真正了解的企业，确定该企业具有令人满意的发展前景，由既诚实又有能力的人来管理，然后在有吸引力的价位上买入该公司股票。段永平投资网易就是一个非常成功的案例。在重仓买入网易股票前，段永平与网易老板丁磊有过深入的讨论，才于 2002 年 4 月花 200 万美元买入网易 152 万股股票，占网易总股本的 5.05%。后来，网易股价持续上涨，一路猛飙至近 100 美元，仅此一役，段永平就赚了 2 亿美元，盈利约 100 倍。而普通股民很少有机会与上市公司老板深入交谈，无法通过这样的方式了解公司经营情况以及管理者的人品、才能等。上市公司当前的经营状况尚难以确定，未来的长期业绩就更难以预判了。上市公司业绩突然变化的例子实在是举不胜举，能够让投资者放心的上市公司真是少之又少。买入持有长期投资的方法，更适合有控制权和影响力的上市公司股东，更适合可以深入了解上市公司经营状况的少数投资者，对于大多数普通股民而言，这种方法风险也许更大。在无法十分确定上市公司的真实经营状况的情况下，逐次交易不要求投资者一定能选中特别优秀的股票，即便是质地中等的股票，也可以通过不断的、有规律的低买高卖，减少持股成本，降低投资风险，甚至在大盘和自己的交易标的价格下跌时，也有可能赢利。可以说，逐次交易对于选股的要求没有那么高，降低了选股难度。

在确定交易时机和交易价格这个环节，逐次交易也不要求交易者可以精确地预测股价未来是上涨还是下跌。预测股价的涨跌也很难，谁也不知道上涨中的股价会在什么时候突然停止上涨，也不知道下跌中的股价会在什么时候突然掉头向上，股市变幻莫测，股价涨跌无序。格雷厄姆说："认为普通大众可以通过预测市场来赚钱是可笑的。"他还说："如果说我在华尔街 60 多年的经验中发现过什么的话，那就是没有人能够预测股市变化。"彼得·林奇也说："不要妄想预测股市，那是根本不可能的。"《漫步华尔街》的作者、美国普林斯顿大学授教马尔基尔认为，股票明日的价格是在今日价格上的一个随机过程，股价的短期变化是无法预测的。对于股票价格未来的不可预见，更为形象的描述是，一个醉鬼站在马路中间，谁也不知道他下一步会向哪个方向走。《一个大投机家的告白》的作者安德烈·科斯托拉尼说："股市往往像个酒鬼，听到好消息哭，听到坏消息笑。"很多人都有过一买就跌、一卖就涨的经历，好像股价在故意与你开玩笑。有的股票业绩惨不忍睹，股价偏偏涨了又涨，而有的股票业绩靓丽，股息丰厚，股价却一跌再跌。

股价的涨跌起伏，取决于千百万人的意志，而千百万人的心思是无法猜测的，所以说股价是不停顿的、无规则的运动，企图预测股价是不现实的。我们必须承认没有能力预测股价，更没有能力影响股价，但可以确定的是，股价波动也是遵循价值规律的，股价一定会围绕着其价值上下波动，对于一只正常的股票来说，股价上涨到一定时候，必然会下跌；股价下跌到一定时候，必然会上涨。股市里没有只涨不跌的股票，也没有只跌不涨的股票。对于投资者该如何应对不停波动的股价，本杰明·格雷厄姆告诉大家："价格波动对真正的投资者只有一个重要意义：当价格大幅下跌后提供给投资者买入的机会，当价格大幅上涨后提供给投资者出售的机会。"股价总是会不停地波动，这一规律给股价上涨时逐次买入、股价下跌时逐次卖出的逐次交易提供了赚钱的机会。

《股票投机原理》的作者萨谬尔·A.尼尔森认为交易者应该把握波动。他认为："当市场没有明显的趋势时，所有活跃股票都会在某点上振荡几十次。这时要制订一个计划，撒下网来，以将这些波动套入网内。"逐次交易就是这样，随着股价的波动进行交易，通过捕捉转瞬即逝的市场机会获取利润。这种撒网捞鱼的方法需要连续、不间断地进行，这种方法在大部分时间里都是行之有效的。

其实，预测股价就像预测地震一样，几乎是不可能的，应对地震我们可以做的是尽可能把房子盖结实，应对股价波动的办法是同时做两手准备，股价上涨怎么办，股价下跌怎么办，都有相应的对策，逐次交易就是时刻都有两手准备。逐次交易不试图预测股价，它轻预测、重应对，期望通过有规律、程序化的交易方法，抓住股市波动中带来的获利机会。用这个方法，就不怕一买就跌，因为跌了还有钱再买；也不怕一卖就涨，因为涨了还有股票可以继续卖。逐次交易可以在一定程度上降低选择交易时机的难度。

一方面，我们承认股市波动的不确定性，企业经营状况的不确定性，股价上涨下跌的不确定性；另一方面，我们应该看到，在不确定的市场中存在着相对的确定性，我们应该做的是寻找发现确定性的机会。的确，股市中有一些事情是确定的：虽然我们无法预测一只股票上涨会涨多久，下跌会跌多久，但可以确定的是再好的股票股价也不可能一直上涨，一只质量比较好的股票股价也不会一直下跌。我们知道股价波动具有一定的规律——未来一段时间内，一只股票的价格会在一定的价格区间里波动。聪明的投资者需要在不确定的市场中发现和捕捉确定性的交易机会。虽然我们无法深入了解上市公司的经营状况，不能准确预测股市波动和个股涨跌，但可以大体了解公司经营状况，可以预测一段时间里一只股票股价大致的价格区间。股票的价格与价值一致是偶然的，不一致却是经常发生的。这是因为，股票的价格以其价值为基础，但还受到多种因素的影响，这些因素包括供求关系、政策变化、外围市场波动、人为操纵等。在许多因素影响下，股票价格围绕其内在价值不停地上下波动，但股票价格不会长久地偏离其内在价值太远，长期来看有向"内在价值"回归的趋势，而内在价值可以用一定的方法测定，因而我们可以大致确定一只股票在一个时间段里股价的波动范围，从而确定可以持续进行逐次交易的价格区间，这是逐次交易可以长期进行的一个重要原因。综上所述，逐次交易将复杂的、难以把握的股票交易的价格与时机大幅简单化了。

## 二、胜率高，风险小

逐次交易让交易者既可以防御股价上涨带来的踏空风险，也可以减少股价下跌带来的回撤风险。回撤是令所有股票投资者头疼的问题，而逐次交易可以在一定程度上减少股价回撤造成的损失。

用逐次交易做股票投资风险比较小。2013 年至 2022 年的十年中，股市风风雨雨，上证指数最低为 2013 年 6 月的 1849 点，最高为 2015 年 6 月的 5178 点，随后不久又回落到 2400 多点。股市多次出现千股涨停、千股跌停、千股停盘的奇观。在股市大幅震荡中，多少人梦断股市，多少财富在股市里灰飞烟灭。庆幸的是，我用逐次交易的方法，度过了股市中的风风雨雨。从 2013 年起，我开始用逐次交易的方法做股票投资，也是从这一年起，开始记录每一年股票投资的盈亏情况。十年间，历年逐次交易的收益情况分别为：10%、57.6%、21%、9.9%、22.9%、3.8%、9.3%、4.1%、9.3%、–3.3%。其中，前九年每一年的投资都是盈利的，只有 2022 年收益为负。十年间，只有 2016 年、2017 年逐次交易收益不如所交易的股票股价涨幅，其他八年逐次交易的收益都超过所交易的股票股价涨幅。十年间，只有 2019 年的逐次交易收益不如上证指数涨幅，其他九年逐次交易的收益都超过上证指数的涨幅。十年时间的实盘交易证明逐次交易的收益比较稳定，是一个胜率较大的股票交易方法。

## 三、区间波动是股价运行的常态

股市云谲波诡，存在着太多的不确定性，而唯一可以确定的就是股价会不停地波动，波动是股市的常态，是一种必然现象。曾有人问 J. P. 摩根接下来市场将会发生什么事，他回答说："我们唯一能确定的事情就是市场还会波动。"有华尔街投资高手之称的伯纳德·巴伦奇说："股市中唯一可以确定的，就是不确定。"如果一味地坚持买入并持有的策略，就很难避免随着股价起起伏伏，来回坐过山车。一只股票的价格可能会在很长一段时间后，又回到很久以前的一个价位，这样的例子比比皆是。

股价波动幅度有时也是相当剧烈的。有人根据统计数据发现：如果持有一只股票三个月，大概率会碰见幅度 10% 上下的股价波动；持有一只股票半年，大概率会碰见幅度 20% 上下的股价波动；持有一只股票三年，很可能会碰见幅度 50% 上下的股价波动。波动是股市的常态。美国股市虽然比较成熟，但其波动性依然不小。2015 年格林布拉特在为沃顿商学院学生的一次演讲中罗列了美股从 1996 年至 2009 年的波动情况。

1996 年至 2000 年，标普 500 翻倍；

2000 年至 2002 年，标普 500 腰斩；

2002 年至 2007 年，标普 500 翻倍；

2007 年至 2009 年，标普 500 腰斩；

2009 年至 2015 年，标普涨了三倍。

有时候股价在短时间里会大幅度上下波动，如 2020 年美股剧烈震荡，在从 3 月 2 日到 3 月 6 日的一周内，周一大幅下跌 5.09%，周二上涨 2.94%，周三再涨 4.53%，周四大跌 3.58%，周五收盘又下跌 0.98%。美股这般刺激的剧烈震荡，在 2018 年也曾出现过。

中国股市同样如此，从 20 世纪 90 年代至今，多次在牛市、熊市和震荡市中转换，其间至少有六次大幅度回落。

第一次：上证指数从 1992 年的 1427 点跌到 386 点；

第二次：上证指数从 1993 年的 1527 点跌到 325 点；

第三次：上证指数从 2001 年的 2245 点跌到 2005 年的 998 点；

第四次：上证指数从 2007 年的 6124 点跌到 2008 年的 1664 点；

第五次：上证指数从 2009 年的 3478 点跌到 849 点；

第六次：上证指数从 2015 年 6 月的 5178 多点跌到 2019 年 1 月的 2440 点。

大盘波动是如此，个股波动也是这样。据统计，A 股每隔 5 年左右出现一次牛熊转换，股价的波动不断给投资者提供买入卖出交易的机会，如果我们不能利用波动带来的机会赚钱，就会浪费大量的时间，那是很可惜的。

股市大盘的波动是无序的、不确定的，而且经常在一个不太大的涨跌幅度里不停地上下波动。统计数据显示股市有一个规律：在 85% 的时间里，股市都是震荡行情。在这种行情中，股价总是在一定的价格区间里上下波动，单边上行或者单边下行的情况不到整个行情的 15%。据由两位诺贝尔奖得主挂帅的美国长期资本管理公司的研究，每年的市场价格波动平均在 19% 以内。《交易圣经》的作者布伦特·奔富曾指出："市场很难保持一致的趋势，它大约有 85% 的时间在盘整……"中国股市也是如此，上上下下、捉摸不定的猴市，超过了单边上涨的牛市或单边下跌的熊市。很多时候，股价上上下下的盘整似乎是无穷无尽的循环，长时间折磨着投资者。《炒股，一定要懂价值投资》的作者加布里埃尔·威士顿说："股市的无常与飞机飞行途中的颠簸相似，让你感到心惊肉跳，它可能随时发生，但你却无可奈何。"如果过于呆板地坚持长期投资，在没有明显趋势的震荡行情中，在股价上上下下的盘整中，投资者就会来来回回坐过山车，损失大量时间和机会成本，错过许多赚钱的机会。以浦发银行为例，2015 年 12 月 31 日浦发银行收盘价为每股 18.25 元，整整一年后，2016 年 12 月 30 日其收盘价为 16.21 元，2015 年每股分红 0.515 元，每 10 股送 1 股，复权计算后，2016 年 12 月 30 日浦发银行的股价为 18.35 元，几乎没有变化。到了 2017 年 5 月，浦发银行的股价为 15 元左右，不涨反跌，如果用买入持有的交易方法投资浦发银行，这两年多的时间不赚反亏。

对于股市的这种状态，华尔街有句名言："一个好的操盘手是一个没有观点的操盘手。"一个交易高手不事先假定股价会朝哪个方向走，也就是不做短期预测，而是让市场告诉他股价会怎样走，他只需要对股价变化做出正确的反应就可以了。明智的做法是将价格波动作为朋友，利用价格波动赚钱。格雷厄姆说："价格波动对真正的投资者只有一个重要意义：当价格大幅下跌后提供给投资者买入的机会，当价格大幅上涨后提供给投资者出售的机会。"但利用价格波动做短线交易是一件危险系数比较高的事情，如果是没有规则、没有章法地做短线交易，一不留神就会被套，陷入追涨杀跌、高买低卖的恶性循环，形成亏损，也可能一不留神就会下错车，与大行情擦肩而过。风来的时候你不在风口，那是多么遗憾啊。有规则、程序化的逐次交易是应对价格波动、利用波动赚钱的一个好方法。

## 四、好理解，符合商业常识和思维逻辑

商业常识和一般的思维逻辑告诉人们，同样质地的股票，股价越低，越具有投资价值，越值得购买；相反，股价越高，则投资价值越低，越应该卖出。就如买房子、买车子、买其他许多东西时，购买者总是希望价格越低越好。可在股市中总是有人喜欢买涨不买跌，股价越涨越买，股价越跌越卖，总是在追涨杀跌。据说华尔街有人做过一个调查发现：一般投资者入场买股票的原因是股价在升，而不是因为股票的成本收益比低或者高。相反，投资人卖股票的最主要原因是股价在跌。这种上涨时买入，下跌时卖出的交易方法看起来好没道理，不合逻辑，不合常识，但实际情况就是这样。为什么有的股票市盈率超过100倍，有的股票从来没有现金分红，还有人在其连续上涨后追高买入？是因为他们认为股价涨了还有可能再涨，股价跌了还会再跌。

聪明的投资者应该越跌越买，越涨越卖，但在实际交易中要做到低买高卖谈何容易。谁都知道在股市中，最赚钱的方法是选择最优秀的股票，在其股价最低的时候，用自己能够动用的全部资金一次性买入，然后等待股价最高的时候全部卖出。但什么价位为低，什么价位为高，往往是事后才能知道，在交易进行前我们很难判断未来的股价是上涨还是下跌。如果没有一个系统的交易方法，也许可以侥幸几次买在最低点，卖在最高点，但这样的幸运不能长久。而用逐次交易的方法就可以不断地买在相对低点，不断地卖在相对高点，长时间坚持这种交易方法，就可以做到低买高卖。

# | 第四章 |
# 如何选择交易标的

最优秀的股票是极为难寻的，如果容易，那岂不是每个人都可以拥有它们了。

——菲利普·费雪

"是什么、为什么、怎么做"是人们认识问题的逻辑思维过程，也是所谓的哲学三部曲。"是什么"代表世界观，"为什么"代表认识论，"怎么做"代表方法论。按照一般的逻辑思维方式，我们在前面三章中简要阐述了逐次交易是一种什么样的交易方法，以及为什么要用这种方法做股票交易。接下来就具体说说怎样做逐次交易。

逐次交易的第一步是选股。选对了交易标的，投资就有了一个良好的基础和开端，后面的交易就会比较顺畅；而选错了交易标的，尔后的交易就会比较困难。选股是逐次交易中最重要的一个环节，一定要慎之又慎。

# 一、逐次交易的选股要求

逐次交易选股的基本要求是"安全可靠"。不求最好，但求最稳。

在逐次交易选择交易标的这个环节，不奢求一定可以选到最好的股票，不期望能选到可以上涨5倍、10倍的股票，而是要尽力避开那些在未来可见的若干时间里可能会破产退市，股价可能会出现断崖式大幅下跌的股票。要用经营稳健、安全可靠的上市的公司股票，用长时间保持稳定的现金分红和稳定的每股收益的股票，用股价跌到一定程度将跌无可跌的股票，来做逐次交易。在这个环节，宁选比较安全的中等质地的股票，也不选风险比较高的热门股。

在投资中，每个投资者都希望能选中最好的股票，此乃人性，可以理解，但实际上很难做到。费雪用"最优秀的股票"，巴菲特用"超级明星""极好的公司""杰出的公司"等溢美之词来形容这类股票。巴菲特说："如果你一生中找到三家杰出的企业，你就会变得非常富裕。"在股票投资中，许多人把赚钱的希望更多地放在选股这个环节，希望可以选到股价能上涨几倍、十几倍甚至几十倍的股票。这种机会不能说没有，但概率极小，在实际投资中，大多数人总是与最好的股票无缘。股票的优劣取决于其内在价值，而真正搞清一只股票的内在价值并不容易。乔尔·格林布拉特说："大概不超过1%或2%的投资者有能力正确评估公司价值。"菲利普·费雪说："最优秀的股票是极为难寻的，如果容易，那岂不是每个人都可以拥有它们了。"

一种交易方法不能建立在小概率的基础上，在选择股票这个环节，每一个投资者都应对自己的选股能力有一个实事求是的、客观的判断，切不可过高估计自己的选股能力，也不应将股票投资赚钱的希望全放在选股这个环节。对普通股民来说，在股票投资中不要高估自己的选股能力，不要奢望一定能找到最好的股票，因为我们的眼光、见识、研究能力有限，普通股民注定无法彻底了解一家公司，往往会与最优秀的股票失之交臂。在选股这个环节，常常是愿望很美好，现实却不尽如人意。古人说人生不如意事常八九，股市何尝不是这样，千挑万选的股票，结果不但没赚钱，反而还亏了钱。就我自己来说，多年以来很少能选到人们说的大牛股，我选中的股票多数表现一般，有的上涨乏力，有的甚至大幅下跌。我觉得自己的选股能力平平，自我评价勉强属中等水平。本人对于交易时机和买入卖出价格的把握能力也很一般。这些年来之所以我的投资收益尚可，还是有赖于逐次交易这个交易方法，它在一定程度上弥补了我选股、择时能力的不足。

## 二、逐次交易选股方法——"关键数据法"

在选择用来做逐次交易的股票时，我会使用一个比较简单的方法，可以称之为"关键数据法"，即根据股票的关键数据来选择交易标的。这个方法简单，容易掌握，可以大幅降低选股难度。

目前，沪深股市上市交易的股票数量已超过 5000 只，这么多股票着实让人眼花缭乱，难以选择。想要从中找到几只适合做逐次交易的股票，不是一件容易的事情。这么多股票，就算是每只股票只看 10 分钟，看一遍至少也需要几百个小时。虽然股市中的股票数量不少，但真正有投资价值的股票并不多，有人估计在全部股票中大约只有 10% 的股票值得长期投资，有人更悲观，认为只有 5% 左右的股票可以长期投资。对我来说，可以用来做逐次交易的股票不到 1%。大量的股票并没有投资价值，只能用来投机或赌博，随着时间的推移，一些股票可能会破产、退市，有些股票也许能给原始股东、公司重要股东、公司实际控制人带来利益，对于普通股民来说则是陷阱，是吞金兽。用什么方法选择股票，是每一个投资者必须面对和解决的问题。

选股的方法有很多，不同的人有不同的方法。有人根据技术指标选择股票，有人根据股价运行的 K 线图、年线、月线、日线选择股票，还有人根据换手率、成交量等挑选股票。这些技术指标往往与股票的基本面，与股票的市净率、收益率、股息率等股票价值的指标没有必然的关联，有时技术指标并不能说明股票的真实价值。在逐次交易中，我从来不用技术指标选股，对那些技术指标我总是一头雾水，怎么也搞不明白。有人看新闻、听消息，追逐所谓"题材股""概念股"。实际上，普通股民得到的消息大多是不及时、不准确、不完整的，有些消息甚至可能是有人故意编造出来骗人的。前些年有一位熟悉的朋友告诉我一个消息：某企业老板说将会有大量优质资产注入其上市公司，这只股票的股价将会大幅度上涨，赶紧买，是个赚钱的好机会。根据上述消息，我以每股 0.6 港元左右的价格买入这只股票，几年过去了，该股股价跌到如今的每股 0.1 港元左右，好在当时对那个消息将信将疑，买入数量不多，损失不大。时至今日，这只股票仍未卖出，留在那里算是一个教训，可以提醒自己小道消息靠不住。有人会根据别人的建议选择股票，这些建议可能来自朋友、熟人，也可能来自股票投资专家，来自股评文章以及对上市公司的分析报告。2015 年大牛市行情中，我的一位邻居听了某权威人士的话，说当时的一只热门股票会上涨，他卖了深圳的一个大房子，用卖房子的钱以每股十几元的价格重仓买入这只股票，后来这只股票的价格"跌跌不休"，一直跌到如今的几元一股，而卖了的房子价格这几年一路上涨，翻了几倍，真是两面受打击——权威人士的话靠不住啊！有人认为到上市公司搞调研比较靠谱，他们亲自走访上市公司，实地考察，与公司管理人员交谈，希望通过这种方式深入了解上市公司。菲利普·费雪在《怎样选择成长股》一书中，把这种方法称为"四处打探"的投资方法，他认为，只要勤跑、勤打探，就能收集到许多有用的信息。彼得·林奇也常用这种方法，他的成功很大程度上在于他不厌其烦地对上市公司进行调研，据说他在一年 365 天中有

200天和上市公司管理者面对面。但这样做真是太累了，这也许是他不堪劳累，早早退出江湖的原因吧。某基金经理准备投资一家高速公路公司的股票，就自己去数该公司拥有的高速公路上通过的汽车数量；准备投资某旅游公司股票，就去察看该旅游公司下属旅游景点的门票销售情况。一些投资机构、私募基金以及少数个人投资者把调研上市公司、拜访上市公司管理高层，作为选择投资标的基本功。如段永平在投资网易前与网易老板进行了深入细致的交谈，加之他曾经经营管理过步步高，对于网易的业务比较熟悉，所以他才敢重金全力投入网易，并在持有8年、赢利100倍后才卖出。巴菲特也常通过考察了解上市公司，在此基础上做投资决策。但是，对于我们大多数人来说，彻底了解一家公司是一件非常困难，甚至是几乎无法实现的事情。

在为逐次交易选择股票时，我的主要方法是：采用上市公司公开披露的信息，依据上市公司定期公布的财务数据来评估一只股票的内在价值，并在此基础上选择股票。上市公司的财务数据主要来自上市公司的年报、半年报、季报以及其他公开披露的信息。美国证券交易委员会在其网站上告诫投资者："只有依靠不断更新的，及时、全面和准确的信息，人们才能做出正确的投资决策。"本杰明·格雷厄姆、菲利普·费雪、沃伦·巴菲特、约翰·聂夫等价值投资者主要的信息来源也是上市公司公开披露的信息。

对大多数投资者来说，上市公司公开披露的年报、半年报等，很少有人能从头到尾仔细阅读。以中国石化为例，一份公司年报、半年报，动辄数百页、十几万字的篇幅。在这里，我们还是应该用最简单的方法来解决问题。格雷厄姆的一个可贵之处就在于他把股票投资中的一些复杂问题简单化了，在1976年的一次访谈中，他在回答如何构建投资组合时说："我主张用简单的方法，只要用一个或两个指标确定很便宜就可以了……"格雷厄姆的选股方法可以称为"财务数据法"。格雷厄姆教给大家的方法主要是看数字，通过仔细阅读上市公司的财务报表选择股票。那么多股票的数据、指标，到底应该用哪些指标好呢？人民大学教授齐东平长期用市净率与滚动市盈率这两个指标来规范自己的投资行为，以市净率低于2、滚动市盈率低于20的标准选股投资。巴菲特多次说他的方法是用现金流评估股票的内在价值，实际上他在投资中国石油时也没有用所谓现金流，而是仅根据几个关键数据和指标。在2008年伯克希尔股东大会上，有人问巴菲特："你2002年买中国石油时只读了它的年报，大多数职业投资者都会做更多的研究，你为什么不做呢？你看年报主要看什么？"巴菲特是这样回答的："我是在2002年春天读的年报。我从没问过任何人的意见。我当时认为这家公司值1000亿美元，但它那时的市值只有350亿美元。我们不喜欢做事精确到小数点三位以后。如果有人体重在300磅到359磅之间，我们不需要更精确的体重就知道他是个胖子。"接着巴菲特的话，查理·芒格补充说伯克希尔用于研究的费用比美国所有机构都低。巴菲特投资中国石油的案例告诉我们，有的情况下，有的投资只看年报就可以了。格雷厄姆认为拜访公司的管理层没有什么实际意义，公司的资产负债表和损益表可以带来足够的信息，事实可以用数字来说话。

对普通投资者来说，对上市公司公布的诸多信息，也不必处处关心，只需要关注其中的关键数据和指标就可以了。通常，在选择逐次交易的标的时，我会将一只股票的每股股息和股息率、每股收益和收益率（反过来就是市盈率）作为关键数据。用关键数据选股的具体做法是：根据每年上市公司现金分红排行榜筛选股票，从中选出几只股息率和收益率最高的股票，作为进一步分析研究的对象。每年年初上市公司公布分红方案时，总会有脑勤手快的人在网上排列出上一年的上市公司现金分红排行榜，一般情况下，我会从股息排名第一的股票开始，一个一个分析研究，从中找出连续5年以上稳定现金分红的股票，最好是现金分红一年比一年多的股票。在比较现金分红的同时，还要看这只股票的每股收益率是不是与其现金分红相匹配，只有收益率和股息率都比较高，才能说明股息率是合理的，收益率是真实的。如此这般，就可以快速地从数千只股票中挑出少数几只股票，排除其他大量不相干的股票。用这个方法可以比较方便快捷地选出几只可以用来进一步研究的股票。多年来，我从没有做过上市公司访问，没有参加过一次上市公司股东大会，也很少完整仔细地阅读过一份上市公司的年报、半年报和季报，只是坚持用关键数据，用股息率和收益率来筛选股票，然后对筛选出来的股票做进一步研究。

# 三、逐次交易选股的九个标准

根据关键数据和指标筛选出来的股票，需要从多方面、多角度做进一步研究，看这些股票究竟是否适合做逐次交易。在选择股票时，应尽可能用可以定量的标准，因为定量标准比较客观、简单，也容易把握；有些标准实在是无法做定量分析的，那就只好用定性分析的方法。下面以定量分析为主，定性分析为辅，用定量分析与定性分析相结合的方法，罗列出逐次交易选择股票的九个标准。

## 1. 分红率不低于30%，股息率不低于3%

在逐次交易中，我选择股票的一个要求是：分红率和股息率都要高。一般来说，分红率不低于30%，股息率不低于3%。

从商业常识和投资逻辑来说，投资股票的一个重要目的就是获取股息，分享上市公司的利润。更重要的是，普通股民能够看到的有关一只股票的全部信息中，最可靠、最不会骗人的就是每股现金分红。所以，分红率和股息率就成为选择股票最可靠的一个标准。

分红率是每股现金分红与每股收益的比率。其计算方法为：分红率 = 每股现金分红 ÷ 每股收益。

如 2021 年中国石化每股分红 0.47 元（中期分红和年末分红合计），每股收益 0.588 元。用上面的公式计算，中国石化 2021 年的分红率约为 80%（0.47÷0.588）。而同一年，中国石油每股分红 2.26 元，对应其当年每股收益 0.5 元，分红率只有 52%。从分红率角度来说，中国石化更好。

再看 2021 年几家比较大的股份制银行的分红率。

| 银行名称 | 每股股息 | 每股收益 | 分红率 |
| --- | --- | --- | --- |
| 招商银行 | 1.52 | 4.61 | 33% |
| 兴业银行 | 1.035 | 3.77 | 27% |
| 浦发银行 | 0.41 | 1.62 | 25% |
| 平安银行 | 0.288 | 1.73 | 17% |

由上表可见分红率指标招商银行最好，兴业银行其次，平安银行最少。

每股收益表明每股赚了多少钱，每股分红表明每股分了多少钱，赚了多少钱可真可假，我们不一定真正了解，而每股分了多少钱，这是实实在在骗不了人的，尤其是连续几年比较稳定的真金白银的股息分配，很难作假。分红率的一个重要作用是可以检验每股收益是否真实。投资者可以通过分红率来验证每股收益是不是真实的，如果每股收益是真实的，投资就有了根据，就不会上当受骗，投资就会比较安全。投资股票最怕的就是自己买入并持有的股票突然出现业绩暴雷、股价闪崩，甚至退市、破产，一旦出现这样的事，投资者的财富就会大幅折损，甚至灰飞烟灭。如何才能避免这样的悲剧，一个比较好的方法就是只投资那些长期以来有稳定的现金分红的股票，坚决不买那些分红率很低或没有现金分红的股票。

股市中有这样一个现象——那些连续几年、十几年保持稳定的分红率的上市公司一般不会破产、退市，股价不会突然断崖式下跌，而那些业绩暴雷、股价闪崩、破产退市的上市公司，大都很多年没有现金分红或者分红率非常低，这样的例子举不胜举。1 元退市制度出台以来，A 股第一个被强制退市的上市公司中弘股份上市以来极少现金分红，一味地热衷高送转，配合二级市场炒作，2010 年 10 股转 8 股，2013 年 10 股转 9 股，2014 年 10 股转 6 股，2016 年 10 股转 4 股，随着不停地送转股，公司的总股本迅速膨胀至 83.9 亿股，股价则随着连续除权不断降低，最终触发 1 元退市的规定。A 股市场自 2019 年实行连续 20 个交易日股价低于 1 元退市制度以来，当年先后有多家公司因此退市，稍加留意就会发现，这些公司大都是很少老老实实现金分红，而热衷于玩高送转股的游戏。曾有一只叫神州长城的股票，送股十分大方，2016 年 6 月曾 10 股转 28 股，在高送转推动下，其股价曾一度高达每股 57.3 元，而其现金股息则少得可怜，从 2014 年到 2019 年每股现金分红累计只有 0.1 元。该股于 2019 年因股价连续 20 个交易日低于 1 元而退市。

在股票投资时，只要不买分红率很低或压根不分红的股票，只要能坚持这一点，就有可能避开那些弄虚作假的公司。一般来说，最好选择分红率高于 30% 的股票作为交易标的。

分红率从一个方面证明上市公司的每股收益是否真实，而股息率则从另一个方面说明股价是否便宜。选股一定要看股息率，股息率是一只股票的关键指标。格雷厄姆选择股票的标准之一就是：股利（股息）不低于 3A 级债券收益率的 2/3，不分配股利或无利润的股票不予考虑。有人主张如果选择一只股票，其股息率不能低于三年期的银行定期存款利息，目前这一数字不到 3%。所以，考虑到安全边际，一只股票的股息率最低不应该低于 3%。

凯恩斯在他投资的中后期也成为一个分红型股票投资人，他选择的股票大都是高股息股票，这些股票通常为公用事业公司的股票。巴菲特买卖中国石油股票是一次成功的投资，也是一次简单的交易。2002—2003年巴菲特的伯克希尔·哈撒韦公司累计斥资4.88亿美元买入中国石油1.3%的股权。到2007年伯克希尔·哈撒韦公司出售全部中国石油股票后，短短5年时间巴菲特大赚36亿美元。后来，巴菲特曾谈起投资中国石油的心路历程，他之所以买入中国石油股票，是因为中国石油的股息率高。巴菲特在解释为什么投资中国石油时说："读了这家公司的年报之后就买进了……所以基于我们的购买成本，我们获得了15%的现金股息收益率。"

美国某基金经理迈克尔·奥希金斯于1991年提出的一种投资策略被称为"道10策略"，也称"狗股策略"，具体的做法是：在每年年底从道琼斯工业平均指数成分股中找出10只股息率最高的股票；再列出基于市盈率角度价格最低的10只股票；然后列出基于其他测量指标价格最低的10只股票（比方说基于市价与账面价值比）。最后，他购买5~7只这三个指标综合起来最好的股票。买入一年后再找出10只股息率最高的成分股，卖出手中不在名单中的股票，买入新上榜单的股票，每年都重复这一投资动作，便可获取超过大盘的回报。西格尔说："'道10策略'一直以来被认为是最成功的投资策略。"

在逐次交易中，之所以把连续稳定的现金分红和高股息率作为选择股票的一个重要标准，其原因在于以下几点。

（1）股息不说谎。在股市中除了长期连续稳定的现金股息不会说谎，其他一切皆有可能是假的。上市公司公告本是正规、权威、严肃的信息来源，但总有上市公司活生生的事例让投资者警醒：切莫太当真。在股市里，眼花缭乱的资本运作，千奇百怪的骗人把戏，诸如虚构收入，转移费用，多提或少提资产减值以调控利润，制造非经常性损益事项，虚增资产和漏列负债，潜亏挂账，资产重组创造利润，通过投资事项调控利润，等等。2019 年 8 月 16 日，中国证监会对康美药业等做出处罚及禁入告知。证监会指出：康美药业有预谋、有组织，长期、系统实施财务造假行为，恶意欺骗投资者，影响恶劣。康美药业存在四大方面的问题，其一，康美药业涉嫌累计虚增营业收入 291.28 亿元；其二，累计虚增货币资金 886 亿元；其三，2018 年年度报告中存在虚假记载，虚增固定资产、在建工程、投资性房地产，共计 36 亿元；其四，2016 年年度报告、2017 年年度报告、2018 年年报中存在重大遗漏，未按规定披露控股股东及其关联方非经营性占用资金的关联交易情况。营业收入、货币资金、固定资产都是虚假的，就是这样一只股票，其股价一度高达每股 27.9 元。而其 2018 年至 2021 年的每股股息分别为 0.24 元、0 元、0 元、10 股转 18 股，现金分红无法作假。

很多人推崇的现金流也有可能是假的，就连银行存款都可以作假。2019 年 6 月，人们发现一家名为康得新的上市公司在中国银行的 120 多亿元现金存款竟然是假的，实际上这些存款是不存在的，这令持有该公司股票的 15 万股民感到震惊和愤慨。连账户上的银行存款都可能是假的，更何况收益、现金流、销售额、增长率，等等。但是如果有人看一看这家公司连续 5 年的现金分红，就不至于上当受骗了。*ST 康得 2014—2018 年每股现金分红红分别为 0.12 元、0.09 元、0.057 元、0.07 元、0 元，就每年这么一点可怜的现金分红，股价居然一度高达每股 68 元，后来果然原形毕露，黯然退市。

有一位网文作者提出一个问题："在目前频频暴雷的 A 股市场，所有的投资者都面临一项艰巨的任务：如何辨别财务报表的真假？"对于大多数财务知识匮乏的投资者来说，这几乎是一个无法完成的任务。而通过上市公司连续多年的现金分红记录来判断其财务报表的真假，也许是一个简单而有效的方法。只有真金白银的现金分红难作假，特别是连续 5 年以上的现金分红几乎是不可能作假的，在股市里，最可靠的数据就是现金分红。正如西格尔指出的："伪造股利要比伪造利润困难得多。"对付上市公司财务欺骗最简单的方法就是：你那些财务数据，不懂的我不装懂，我只做我明白的事情，一只股票的股息率高还是低，这个我懂，这个你作不了假，我只看这个，这个你骗不了我。西格尔说得好："股利是令投资者确信公司利润货真价实的一种方式。如果管理层说公司获得了利润，股东就有合理的理由说：'把钱交给我！'如果公司确实拥有高收益就会这样做。"西格尔认为："在完全缺乏这些规范市场机构的情况下，公司会发出怎样的信号来显示自己的利润是真实的呢？老方法就是发放股利——这种行为能够切实证明公司盈利和公司收入的可信度。如果没有股利发放的话，股票的价值将仅仅取决于是否相信管理层的利润报告。"

那些长期不用现金分红的上市公司大致有三种情况：一是经营不好，业绩差，收益率低，根本没有能力用现金分红回报股民。二是赚了钱，但舍不得分给普通投资者，这类公司的实际控制人不能善待股民，其道德水准值得怀疑。对这样的公司应该弃之如敝履。三是企业赚了钱，但目前确实需要用留存收益发展，这种情况应该向投资人做出详细说明，并做出相应的业绩承诺。但普通股民想要搞清楚不分红的理由是不是真实合理的，这个有点难，因此为了让投资更容易些，简单的办法就是干脆回避不能连续分红的股票，只投资可以长期连续分红的股票。

（2）股息是投资利润的一部分。对于一部分投资者来说，投资收益来自股价上涨和股息收入两个方面，股息是投资收益的一部分，只有纯粹的投机者才完全忽略股息收入。关于股息收入，西格尔在大量研究的基础上指出："历史已经给出了明确的答案：股利一向是股东收益的主要来源，具有高股利发放率的公司给予了投资者高收益。"有人注意到在过去

100 年当中，美国股市的平均回报率是 10.4%，其中 5% 来自分红，4.8% 来自企业盈利的增长，只有 0.6% 来自市盈率的变化也就是股价涨跌。针对不分红有利于公司发展之类的说法，西格尔指出："绝大多数公司能否通过再投资收入而获得利润是很不确定的。"

（3）股息是传递公司经营状况的信号。西格尔指出："减少股利通常被看作是公司发出的一种糟糕信号，当宣布股利减少时，市场上将会出现大量抛售该股票的现象。"在确定股票价值方面，股息的重要性再怎么强调也不为过。在房地产市场，投资回报是租金；在金融市场，投资回报是利息；而在股市中，投资回报则是股息。一般来说，一家公司的股息率越高，则一定程度上说明企业的盈利状况越好。投资高股息率的股票，可以让投资享有足够的安全边际，在一般行情里也能获取不错的收益。托马斯·奥认为：如果股息占到了盈利中的一大部分，投资者可以比较确信自己的盈利是实实在在的……股息分配的削减或取消几乎就等同于告诉投资者，这家公司遇到了比较严重的问题或困境。

（4）股息是熊市保护伞。在动荡不息、云谲波诡的股市里，股息是投资者最可靠的保护伞和安全垫，股价普遍下跌时，股息率高的股票跌到一定程度就会跌无可跌。西格尔说："当股价低迷时，只要能获得高于银行定期存款的股息，就相当于为资金构建了一个熊市保护伞；而当股价上扬时不但能继续享受股息收入，还能让股票资产升值，这又是收益加速器。"对于西格尔的上述说法我深有同感。2016 年股灾千股跌停时，我重仓持有的一只高股息率的股票跌幅并不大。2018 年 8 月、9 月大盘跌到 2644 点时，我重仓持有的这只股票跌幅也很小，而且不久后就开始大幅反弹。

（5）股息是"照妖镜"。在股息率面前，股市里的各种"妖魔鬼怪"都会露出马脚。已经退市的凯迪退（000939）就是这样一只股票。该公司介绍其主营业务是生物发电，属于现代制造业，也是战略性新兴产业，发展前景似乎一片光明。与股息和收益相比，其股价一度高得离谱，该股从2009年上市以来的十余年间，部分年份每股股息只有 0.1 元，其他年份股息为 0。自 2019 年起，该公司的经营问题陆续暴露：资源严重错配，导致负债结构极不合理，上市公司有息公司债大概有 240 亿元，债务的平均年限大约只有一年，以短期债务为主，债务周期短，资金成本高，资金平均年化成本能达到 12%。更严重的是多年来公司管理层涉嫌内部腐败问题，该公司一位股东披露："最近三年，凯迪生态仅所谓的第三方财务顾问费用，就支付了将近 20 亿元。财务顾问费就是抽头，融到一笔钱就抽头。疯狂到什么地步……用我们自己的钱来贴现，一天损失掉 10%，总规模达数十亿；借高利贷一天一分息，用 2 ~ 3 天时间，竟然也抽头 2%；甚至为了得到抽头，明明有 10 亿元存在银行里，却在同一银行贷款 10 亿元出来，导致一年损失 1 亿元。"这位股东还披露这家公司居然开了 1250 个账户，为了掩人耳目，将财务电子版资料全部销毁，有人通过专业的手段将服务器硬盘的磁性消掉。他说："该公司管理层从公司搞钱的一些做法，实际上就是把公司当作一个打劫、洗钱的平台。（融资）已经完全脱离了整个业务发展需要。"这些人不是在偷钱，简直是明火执仗地抢钱啊！如果买股票与股息率挂钩，如果将股息率作为选择股票的标准，也许就不会有人买入凯迪这样的股票了。

用股息作为选股标准不仅可靠，而且非常简单。股息率是高是低，用一年的现金分红数字除以股票价格就知道了。你想真正搞清楚一家上市公司的经营状况、现金流、管理层的能力和道德水平等比较困难，但是通过股息判断这家公司的资金状况并不难，就像达摩达兰说的："如果你打算购买一家公司的股票，那么衡量该公司现金流最简单且最直接的指标就是股息支付。"

以股息率作为选择股票的标准，不能只看少数几年，只有一两年股息率高的股票不一定靠得住，需要看其长期以来的分红记录。在格雷厄姆的投资理论里，股息是很重要的一个考虑因素，格雷厄姆曾经提出四个选择股票的原则，其中一个原则："每个公司应该具有一个长期的、连续的红利支付的记录"。格雷厄姆选择的公司至少要有连续 10 年支付股息的历史。对分红率和股息率记录在投资中的运用，我的做法是：如果准备买入一只股票，我会先查看这只股票上市以来全部的分红记录，尤其是近 5 年的现金分红情况。如果分红记录不符合要求，我就会放弃这只股票。

一旦上市公司现金分红比上一年减少，或上市公司现金分红政策发生变化，就需要引起警惕。比如曾经的热门股盐湖股份，2004 年至 2008 年，每年每股现金分红分别为 0.3 元、0.5 元、0.88 元、1.2 元、1.76 元，随着股息率不断增加，股价也越来越高，2008 年 4 月股价最高达到每股 107 元，对应上一年每股现金分红 1.2 元，股息收益率只有 1.12%，股价已经不便宜了。从 2009 年开始以后的 6 年里，每股分红分别为 0.4 元、0.16 元、0.32 元、0.067 元、0.086 元、0.031 元、0.02 元，股息逐年减少，股价也随之逐年下滑，至 2018 年 8 月，股价最低到 6.94 元。

再比如浦发银行，2016 年以前我曾经用浦发银行的股票做逐次交易。之所以选择浦发银行，是因为在很长一段时间里浦发银行现金分红一直比较好，有几年是当时上市的 16 家银行中股息率最高的。2011 年至 2014 年这 4 年里，浦发银行的现金分红不断增加，分别为每股分红 0.3 元、0.55 元、0.66 元、0.757 元，但从 2015 年以后，浦发银行采用现金分红和送转股结合的分配方式，2015 年至 2017 年每股现金分红分别为 0.515 元、0.2 元、0.1 元，现金分红越来越少，已经不符合我的选股标准了，于是从 2016 年起，我将浦发银行的股票全部卖出，改用其他股票做逐次交易。

我不认可送转股的分红方式，送股、转股，不过是文字游戏罢了，今天可以送股，明天还可以缩股。例如，有一只名为"ST 春天"的股票，该股票上市以来，曾经用 10 转增 7，10 转增 5，10 转增 10 的方式大幅度送转股，而很少用现金分红。后来公司暴露出重大问题，为了公司重组，该公司又大幅缩股，将普通股民所持有的公司股份每 100 股缩减为 16 股，缩股比例之大让人咋舌。还有一家名叫"融钰集团"的上市公司，从 2014 年至 2018 年 5 年间，每股现金分红 5 年合计只有 0.026 元，每股不到 3 分钱，但送转很大方，2014 年 10 股转 18 股，2015 年 10 股转 10 股，2016 年 10 股转 10 股，以高送转大幅度推高股价，同时，股价从每股 10 元左右快速上涨到最高点每股 68 元，持股 70% 的大股东伺机将自己持有的股票卖得干干净净，清空了所持的全部股份，其清空速度之快，堪称 A 股市场的一个纪录，这种做法被称为"清仓式减持"。随后其股价逐步下跌，到 2018 年 10 月，每股股价跌到 2.5 元。在股市里曾风光一时的暴风集团上市几年来，合计每股分了 0.039 元，每股不到 4 分钱，也是通过 10 股转增 12 的大比例转增推高股价，股价一度高达每股 327 元，到 2018 年 10 月，其股价跌到最低每股 8.6 元。一个叫"神雾节能"的公司，这个公司并不是通过审查相对严格的 IPO 上市的，而是通过借壳上市的。2016 年，神雾节能营收由上一年的 2.4 亿元，飙升至 8.65 亿元，净利润由 1145 万元飙升至 3.33 亿元，毛利率由 17.72% 飙升至 61.96%，但其从 2013 年后从来没有分过一分钱。2017 年其股价一度高达每股 44 元，到 2018 年 10 月，每股股价只有 6 元多。缺乏业绩支撑的垃圾股、题材股，如果继续玩高送转之类的资本游戏，很可能导致股本稀释后股价低于一元而被强制退市，到时候只能是搬砖砸脚，聪明反被聪明误。

大家经历过 2015 年千股跌停、千股涨停、千股停盘、大盘熔断，经历过 2018 年许多股票下跌百分之七八十的恐怖行情，从中观察可以发现这样一个现象：凡是那些动辄跌停，股价闪崩的股票，大多是因为没有真实业绩支撑。即便是行情非常差的时候，那些有真实业绩支撑的股票，每股收益高、每股现金分红好的股票总是下跌有限，跌到一定的时候就跌无可跌。在股票交易中，我不会选择一只不分红的股票，也不会选择一只分红率和股息率低的股票作为交易标的，不管那只股票看起来前景多么辉煌、多么诱人。

### 2. 市盈率不高于10，净资产收益率不低于10%

在选择逐次交易的股票时，我将一只股票的市盈率不高于10，净资产收益率不低于10%，作为选择股票的一个标准。市盈率是最常用来评估股价水平是否合理的指标之一，由股价除以年度每股盈余（EPS）得出。计算时，股价通常取最新收盘价，而EPS方面，若按已公布的上年度EPS计算，称为历史市盈率，若是按市场对今年及明年EPS的预估值计算，则称为未来或预估市盈率。

市盈率倒过来计算就是投资收益率，在估算一只股票的价值并在此基础上确定交易的价格区间时，我更愿意用投资收益率。其原因是投资收益率更便于与其他投资品收益情况的比较，比如银行理财年化收益率为3%，国债逆回购年化收益率为2%，等等。其他资产的收益情况比较都是用投资收益率而不是市盈率，用市盈率不方便快速比较。用投资收益率而不用市盈率的另一个原因是前者可以方便与股息收益率加权计算一只股票的合理价格。如同看每股股息率一样，每股收益率也不能只看一两年的，需要考察几年时间的每股收益情况。

每股股息表明一只股票一年分了多少钱，而每股收益说明一只股票一年赚了多少钱。一定比例的稳定的股息分配表明股票收益的真实性，而稳定的每股收益，说明股息分配是合理的，是可以持续的，没有稳定的收益，股息就成了无源之水、无本之木。

一只股票的赢利能力，除了每股收益率，还应该看该股票的净资产收益率。净资产收益率是巴菲特十分重视的一个指标，他曾在致股东的信中讲过，如果非让他用一个指标进行选股，他就用净资产收益率，他认为净资产收益率能常年持续稳定在 15% 以上的公司才是好公司。

净资产收益率是衡量上市公司赢利能力的重要指标。这个指标反映股东权益的收益水平，用以衡量公司运用自有资本的效率。指标值越高，说明投资带来的收益越高；净资产收益率越低，说明企业所有者权益的获利能力越弱。净资产收益率反映公司净资产的使用效率，说明公司的资产质量状况，可以从股东利益的角度衡量公司好不好，值不值得投资。这是一项评价企业赢利能力和经营业绩的核心财务指标，是每一个投资者不能不看的重要指标。对净资产收益率的分析是企业财务分析的核心与主线，判断一家公司获利能力高低的最佳指标就是其净资产收益率。巴菲特和许多投资者都非常看重这一指标，将该指标作为检验公司质量的一个最重要的标准。他说："我宁愿要一家资本规模只有 1000 万美元而净资产收益率为 15% 的小公司，也不愿意要一个资本规模高达 1 亿美元而净资产收益率只有 5% 的大公司。"巴菲特认为净资产收益率是衡量企业长期业绩的最佳指标。他在 1980 年致股东的信中说："我们的单一年度经营业绩衡量指标是营业利润除以股东权益（证券投资按成本计量），可是我们的长期业绩衡量指标要包括所有已实现或未实现的投资收益或损失。"净资产收益率也反映了公司的资产状况，从这个意义上说与市净率密切相关，如果一家公司的股票市净率很低，比如只有 0.8，那么买这个股票看上去很便宜，但它的净资产收益率不高，只有 3%，不怎么赚钱，说明它的资产质量差，或者是管理不行，虽然市净率低于 1，且没有溢价，但也不值得投资。

净资产收益率多少比较合适呢？如果将净资产收益率标准定得太低，不容易选到优秀的企业；如果定得太高，则不易找到可选择的目标。正如查理·芒格所说："长期来看你获得的投资收益不大可能超过这个企业的净资产收益率，而能长期保持 25% 净资产收益率的公司已经极其稀少。"多尔西在《寻找投资护城河》中提出："可以把净资产回报率 15% 作为衡量竞争能力的临界值——只要企业的股东权益回报率长期达到或超过 15%，那么，它就更有可能比那些低于该临界值的企业拥有护城河。"净资产收益率的通用性强，适用范围广，不受行业限制。通常认为好股票的净资产收益率应该高于 15%，一般在讨论公司品质时会将净资产收益率 15% 以上作为好公司的一个重要财务指标。依目前股市的实际情况，在选择逐次交易标的时，我会将这个指标放宽到 10%。

### 3. 有"护城河"保护的企业

有"护城河"保护也是逐次交易选择股票的一个重要标准。如果没有"护城河"保护，高股息率、高投资收益率就没有保障，无法长久。选股时必须考虑的一个问题是：我们准备投资的这个公司在可预见的不远的将来，在相当长的一个时间段内，会不会在激烈的市场竞争中出现业绩大幅度下降的情况，会不会被市场淘汰，会不会破产清盘、退市。在股市中，我们看到一些企业因为没有"护城河"保护，在残酷市场竞争中有的业绩大幅度下跌，有的破产退市，如果出现上述情况，我们的投资可能会出现大额亏损，甚至是血本无归。巴菲特认为，一家真正伟大的公司必须有"护城河"来保护，才能获得很好的回报。他说："有的企业有高耸的'护城河'，里头还有凶猛的鲨鱼守护着，这才是你应该投资的企业。"这样的企业往往具有垄断和特许权。巴菲特重资投资的富国银行、盖可保险、美国运通、可口可乐、好事多超市、吉利等，都是享誉世界的大品牌，具有"护城河"的保护。对于优秀的公司，巴菲特希望买的股票越多越好，但为了买到好公司的股票，他也可以做某些妥协。他说过："我们倾向买下整个公司，或者当管理层是我们的合作伙伴时，至少买下 80% 的股份。如果控股收购的方式不可行，我们也很乐意在证券市场上简单地买入那些出色公司的一小部分股权，这就好比拥有'希望之钻'（世界名钻，重45.52克拉）的一小部分权益也好过拥有一整颗'莱茵石'（一种人造钻石）。"彼得·林奇将具有某种垄断和特许权的企业称为有"利基"的企业，比如一座城市的供水供气企业就会比一个餐饮企业安全得多。相反，没有"护城河"、没有"利基"的公司，就不是很好的投资目标。巴菲特认为糟糕的生意是那种收入增长虽然迅速，但需要巨大投资来维持增长，过后又赚不到多少，甚至没钱赚的生意。

在中国股市，我们看到过一些没有"护城河"、没有"利基"的企业，一时风生水起，一时又步履艰难，如有国内餐饮第一股之称的某只股票，也曾风光一时，如今债务沉重，举步维艰。因为餐饮是充分竞争的行业，完全没有"护城河"保护。企业的"护城河"可以包含很多内容，比如以下几点。

品牌。企业或企业产品的品牌形成的"护城河"，是最重要的无形资产，决定了其产品在消费者心中的地位，也决定了某种产品的议价能力。

特许经营权、专利权和领先科技能力、秘密配方等。特许经营权：有些行业只有政府特许的少数企业才能经营，这是一种巨大的垄断优势，比如电信、铁路、发电和一些公用事业等，比如中国石化、中国石油、中国移动等。银行、保险、证券行业也是属于有特许经营权的。但这种垄断的弊端也很明显，就是没有定价权，价格往往由政府决定。专利权和领先科技能力：专利权通过法律手段保护自己不受竞争对手的攻击，能够在多年内享受垄断收益。但缺点是一旦专利到期，就四处受敌，在缺乏知识产权保护的市场，山寨产品也降低了专利的价值。

客户黏性。包括网络效应、转换成本和业务嵌入性等。网络效应：这是一种非常强大的"护城河"，一旦在一个拥有网络效应的行业占据了优势，别人几乎无法撼动。网络效应是一种自强化的特征，用户越多，网络的价值就越大。比如微软、facebook 等，这种行业一般只存活一两家企业，而且排名第一的企业占据绝对优势。转换成本：客户转换成本高的企业拥有一种"护城河"，这取决于产品和生意特性。比如，大家学会 Office 软件需要花不少时间，而且很多人依靠 Office 软件的培训等生意生存，所以尽管其他公司试图推出免费的更好用的办公软件，也无济于事，因为客户转换成本较高。另外，手机号的转换成本也比较高，而网上购物就完全没有转换成本，所以过去我们经常看到不少电商生死时速式的大战。规模经济：在需要大量固定资产投资的行业，固定成本较大，如果生产的产品越多，则分摊的成本就越低，企业就越有效率。比如家电企业从前几年的很多家杀到只剩格力、美的、海尔等少数几家，因为规模越大的企业，其生产成本会越来越低，也更有实力去建渠道、做营销，导致小厂商无法生存，市场份额不断集中。而房地产行业就没有规模经济一说，所以市场会很分散。

特殊资源。这是一种无法复制的绝对优势，比如中国神华、兖州煤业、中国茅台等，它们拥有的资源是别人无法复制的，还有一些旅游行业的上市公司占据了好山好水，世界只此一家。此外，一些企业有独特的客户关系和股权结构，这也是一种"护城河"。

有无"护城河"是逐次交易选择股票的一个重要标准，只有选择那些有一定的"护城河"保护的股票，逐次交易才会更安全。

### 4. 优势行业中的龙头企业

有些行业总是比其他行业更容易赚钱，而有的行业赚钱则比较困难；有的行业稳定性好，有的行业波动性大；有的行业可以长期存在下去，有的行业过一段时间可能会衰落甚至消失。西格尔经长期研究发现，长期投资回报比较好的公司大部分是拥有知名品牌的日常消费品行业、制药行业以及能源行业。西格尔曾列出 1957 年至 2003 年近 50 年时间美国股市回报率最高的 20 只股票，在这 20 只股票中，有 11 只属消费行业，有 6 只属医药行业，这两个行业在这 20 只股票中占比达到 85%。这 20 只股票都有其共性：股息率都比较高，市盈率比较低，公司业务简单，投资回报比较高。

有人认为选行业比选个股更重要，以比较低廉的价格买入强势行业的龙头股票，是一条发财之道。一些投资高手擅长从优势行业掘金。20 世纪 70 年代，索罗斯根据第四次中东战争判断美国军工行业的投资机会，大量买入军工类股票，大赚了一把。也是在 20 世纪 70 年代，日本股神是川银藏预测日本政府将要大兴土木，提前大量买入正处于低潮的水泥行业股票，两年时间，获利 30 亿日元。

有些行业比较适合普通投资者投资，这些行业是投资者容易理解、简单易懂的行业。1973 年香港政府曾印制过一个名为"购买股票须知"的小册子，免费向市民派发，其中直言相告："信誉昭然者，历史悠久，而盈利记录良好的公司所发行的股票，通常都较其他股票更为可靠。这些公司包括银行、保险公司、公用事业和业务广泛的商行，它们大都管理完善，规模也比一般公司庞大，虽然规模大并非一定表示经营得法，但总比规模小的公司更胜一筹。"的确是这样，银行、保险公司、公用事业等行业比较适合普通股民投资。而有些行业则不适合普通股民，也不适合做逐次交易。一些行业完全属于竞争性行业，企业生存不易；一些行业专业性比较强，一般人不容易理解。金融业尤其是银行业比较适合普通投资者，因为银行业面向千家万户，大家比较容易理解。从长远来说，也很少有哪个行业能像银行业这样长久不衰——经营资金是门好生意。有人注意到，1900 年，英国的铁路业占上市公司 49% 的市值，一百年以后只占 0.34%；

而银行业一百年前行业比重占 15.5%，一百年后仍占 16.5%。看来这个古老的行业是可以长存的。众所周知，巴菲特特别青睐银行股，他说："我喜欢的是那些根本不需要怎么管理就能够挣很多钱的行业。"巴菲特喜欢长期稳定的行业，他愿意在这些行业中，投资一家甚至连傻子都可以经营的企业，因为有朝一日可能真的有傻子来经营这家企业。比如巴菲特认为民航业没有行业优势，他认为航空业是竞争激烈、风险较大的行业，应回避之。他觉得自己不太理解高科技行业，在很长时间里对高科技企业敬而远之。长期以来，巴菲特专注于金融行业的投资，他的许多盈利都来自金融行业。巴菲特在 2009 年 5 月 2 日伯克希尔的股东大会上说："如果我所有的资金只能买入一只股票，那我就全部买入富国银行。"2011 年，巴菲特投资组合中重仓持有四大银行，其中有在美国的资产排名第 1 位的美国银行、排名第 4 位的富国银行、排名第 10 位的合众银行、排名第 19 位的美国运通。至 2013 年 6 月底，伯克希尔对富国银行的总体投资已高达 191 亿美元，是其最大的单项投资；其次是可口可乐，投资总额达 160 亿美元；再次是 IBM，拥有其 130 亿美元的股份。巴菲特投资的秘诀之一就是：在蓝筹股大跌时坚决买入。优秀的蓝筹股在大跌后总能反弹回到原来的位置。有人将这种现象称为"蓝筹股弹性定律"。成功投资并已经传承了三代的美国戴维斯家族始终看好银行股。克里斯·戴维斯认为：金融业之所以吸引长期投资者，是因为通过货币买卖价差挣钱是最古老的业务，它们是不会过时的。此外，戴维斯还看好能源、消费等行业，如西方石油公司、依欧格资源公司、卡夫、宝洁公司等。他认为日常消费品行业的好公司具有通胀保护机制。

能源行业也是一个不错的选择，美国著名财经节目主持人克拉默认为，投资者如果建立一个由五只股票构成的投资组合，其中就应该包含一只石油股，一只金融股。关于石油股，他列举了埃克森、英国石油、雪佛龙德士古、康菲等。这两个行业都与人们的生产生活密不可分，是人们必须依靠的，并且一般都具有比较稳定的股息。

约翰·聂夫在一段时间里比较重视汽车行业的股票。例如1988年在他的投资组合中，汽车行业股票占22%，银行类占16%，保险类占13.8%，加上储贷机构、贷款业公司的股票，前三个行业合计超过他全部投资组合的一半以上。

格雷厄姆如果看好某一类股票，就一揽子购买十多只，虽然不能保证每一只股票都赚钱，但总体上赚钱的概率比较大。类似看好一个行业就一揽子买入这个行业的多只股票的投资方法，索罗斯和罗杰斯在量子基金交易时也使用过。

金融、能源、公用事业和已经形成一定市场垄断的著名的制造业公司的股票，比较适合用来做逐次交易，多年来我用来做逐次交易的股票基本都属于上述行业。

在优势行业中，则要选择行业里的龙头企业。有一种说法：股票投资要投就投No1，老二便宜的话也可以投，老三、老四最好避而远之。虽然这种说法比较绝对，但不无道理。有人曾经做过统计，将几十家公司分为两组，一组是排名第一的公司，另一组是排名第二的公司，在长达几十年的时间里，排名第一的公司收益率是同期指数的60多倍，排名第二的公司收益率是同期指数的8倍。《价值的魔法——格雷厄姆和多德的现代投资法》一书的作者托马斯·奥说，将一家公司与同行业的其他公司做横向对比是一件很重要的事情。他认为，投资者应该买那种品质最好的公司的股票，因为这样的公司在行业遇到问题时，会最后一个亏钱；而当行业复苏时，它又会第一个开始赚钱。西格尔也曾告诫投资者：寻找旗舰企业。他说："根据我的研究结果，旗舰企业不仅存在，而且还为数不少。找到这些公司可以让你的投资组合变得与众不同。"他举例说菲利普·莫里斯就是这样的旗舰企业。每个行业都有自己的龙头企业，龙头企业是自己所在行业的排头兵，也就是西格尔所说的旗舰企业。这样的企业在长期的市场竞争中形成了自己的竞争优势，应该把投资行业内第一的企业作为一条选股原则，注意是第一而不是第二。彼得·林奇说："不要买第二名的股票。"威廉·欧奈尔说："股市的赢家法则：不买落后股，不买平庸股，全心全意锁定领导股。"巴菲特在二级市场投资普通股的时候，也是偏好龙头企业，比如他对高盛公司和通用电气的投资，这两个投资对象，一个是投行的龙头，一个是电气行业的龙头。巴菲特第一次买入的中国股票中国石油也是行业中的龙头企业。

我曾经用格力电器做逐次交易，格力电器是空调行业的龙头企业。但格力的龙头地位并不稳固，同行业中另一家公司美的集团与格力电器并驾齐驱，不相上下，形成了同一行业的双寡头局面，考虑到格力的股权结构更符合我的选股标准，所以在格力、美的之间，我选择了前者。上汽集团是我长期持有并交易的一只股票，上汽集团曾是中国汽车行业当之无愧的龙头老大，该公司的年生产量、年销售额和年利润总额远远超过其他汽车企业，很长一段时间里，路上跑的汽车每100辆中就有20辆是上汽集团生产的，我很多次在不同城市留意过路上行驶或停车场停着的汽车，上汽集团超过2%的市场占有率所言不虚。但上汽集团的龙头老大地位并不稳固，中国汽车行业竞争激烈，未来谁能执中国汽车行业龙头之牛耳还待见分晓。

### 5. 简单易懂的公司

简单易懂的公司适合普通股民投资，也适合做逐次交易，而复杂难以理解的公司一不小心就会成为投资陷阱，不适合做逐次交易。《亿万美元的错误》一书的作者斯蒂芬·韦斯说，规模巨大而又复杂的美国国际集团就"像一个黑匣子，让人无法理解，无法分析"。股票投资者在投资中应该防止自己掉进类似的"黑匣子"。简单易懂是巴菲特选择投资标的的标准之一。他说："不要投资你不懂的东西。"伯克希尔将选择公司和股票的标准印在自己的年报上，有时是四个标准，有时是六个标准，但无论是选择购买整个公司还是购买部分股票，业务简单、容易理解这一条总是不可缺少的。巴菲特说："作为投资者，你的目标应该是以合理的价格购买一家容易理解的企业的部分股权，而且应该几乎肯定这家企业的利润在未来5年、10年和20年大幅增长。"彼得·林奇也坚持简单易懂这个标准。他说："如果投资人在30秒里说不出他们所投资的公司是做什么的，那他们就很难投资成功。"

准备投资的公司是做什么的，依靠什么赚钱，它的核心竞争力是什么？投资前必须清楚地回答这些问题。其实，这一标准包含两层意思：一是准备投资的上市公司业务简单；二是其盈利模式容易理解。企业的业务应该简单，唯其如此，才容易理解，才能看得懂、看得明白。这个要求会将很多业务复杂的公司排除在外。要尽可能选择业态单纯、主营业务突出的公司，比如银行、煤炭石油、高速公路、电力公司等，很容易就知道它们是做什么的，依靠什么赚钱，其盈利模式如何。相反，一些业态复杂，多元化经营的公司，则比较难懂。有的公司一说名字，就知道是做什么的，比如同仁堂、五粮液、招商银行；也有许多公司，看名字不知道是干什么的，仔细查看才知道经营范围一大堆，甚至没有很明确的主营业务，不知道它到底靠什么赚钱。

当然，多元化的公司也有好公司，但是把多元化的公司经营好，比经营简单的公司要难得多。彼得·林奇认为，不要相信多元化经营，事实证明多元化经营往往会导致公司经营状况恶化。他说："公司业务越简单易懂我就越喜欢。当有人说，这样的公司连傻瓜都能经营管理时，这反而让我更加喜欢这家公司，因为或早或晚都有可能将会是一个傻瓜来经营管理这家公司。"有些上市公司喜欢不停地盲目扩张，热衷于频繁变换经营范围，对于这样的上市公司，投资者需要格外小心。巴菲特说："我们将变化视为投资的大敌……所以我们希望没有变化。我们不想赔钱。资本主义残酷得很。我们得关注现实生活中每个人都需要的产品。"在我看来，股市中常见的上市公司重组、收购等就像是在高速公路上变道，也许是必要的，但有危险，可是股市中就是有人喜欢这样的事情。

在买入股票前，每一个投资者都应该明白自己的能力范围，并坚持在自己能力范围内选择股票，巴菲特说得好："我只喜欢我看得懂的生意，这个标准排除了 90% 的公司。"了解了再投资，不了解清楚坚决不投资，这是再自然不过的事情了。在美国科技股泡沫泛滥的年代，当巴菲特因为没有投资科技股而业绩不佳，面对各方面的质疑时，他讷讷地说："我不知道微软与英特尔 10 年以后会变成什么样子……软件行业不在我的能力范围之内……我了解的是棒棒糖，而不是软件。"他继续说："如果我不懂，我就不投资。"为了说明在自己的能力范围投资的道理，巴菲特以跨栏为例，说自己专门挑选那些一尺高的栏杆，跨过去，而不是专门找那些七尺高的栏杆，尝试跳过去。罗杰斯也是如此，他先后投资自己熟悉的公用事业、军事工业的股票，投资自己家乡亚拉巴马经营连锁养老院的贝弗利实业公司，获得了 12 倍的收益。巴菲特、罗杰斯尚且如此，不敢轻易涉足自己不了解、不明白的股票，普通投资者更应该按照简单、容易理解的标准选择股票，更应该小心谨慎，根据自己的学习工作经历、居住地域、熟悉的消费品情况等，来选择自己熟悉的公司股票，不熟不做，不明白就不投资。比如医生对医药行业比较熟悉，房地产行业的员工自然对本行业熟悉一些。投资者尽量不要去投资自己看不懂的公司股票。在这一点上，实事求是很重要，一定不能做不懂装懂、自欺欺人的事情。做事情熟能生巧，股票投资熟能生财。

### 6. 股权结构公众化的企业

股权结构公众化企业的股票，包括央企和地方国有资产管理部门控制的企业，以及其他类型的股权结构公众化的公司股票，更适合做逐次交易。在逐次交易中，我不会用自然人或家族企业控制的上市公司股票做交易标的。

选管理层不如选股东。巴菲特把管理层忠实能干作为选股标准，管理层是否能干、是否忠诚，固然重要，但对于普通投资者来说，想搞清楚这个问题，谈何容易。普通投资者很难了解一家公司的管理层，甚至连见一下管理层都比较难。巴菲特有条件接近、了解、考察上市公司的管理层，我们能吗？显然不能。因此以管理层优劣作为选择标准，对于普通股民来说，没有可操作性。如果以股权结构作为选择标准，对于普通股民来说，则更具可行性，上市公司的股权结构在上市公司的公告中一目了然，一看便知。

什么样的股权结构比较好？普通投资者与公司大股东有不同的标准，大股东当然希望自己的股份越多越好，最好一股独大，自己说了算；普通投资者则不希望这样，缺乏制衡的股权结构不利于普通投资者。适合普通投资者投资的股权结构应该是公众化的股权结构，这样的股权结构具有一定的制衡性，比如国有企业控制的上市公司，包括央企和地方国资委控制的企业，这类上市公司不但受证券监管部门的监督，而且受中央或地方政府的其他相关部门监督，其实际控制人和管理人一旦损害企业利益，除了证券管理部门、司法部门外，还会受到来自国有资产管理、纪律监督、组织人事等部门的日常监督。央企控制的中国石油、中国石化、四大银行等，地方政府国资委控制的招商银行、浦发银行、兴业银行等，就属于这种类型的上市公司，都是管理比较规范，赢利能力比较强，规规矩矩现金分红的上市公司。

　　股权结构比较分散，管理层持有部分股份并集体控制的上市公司，如万科、双汇发展、宇通客车等，管理层的利益与大股东既是利益一致的，又可以互相监督、互相制约，可以防止少数人胡作非为。以双汇发展为例，几百位高中层管理者持有公司的部分股份并成为公司的实际控制人，这种情况有两个好处：一个是公司管理层对公司充满感情，他们会尽心尽力打理公司；另一个好处是现金分红比较好，不太会将赚来的钱胡乱投资，因为现金分红的大头属于公司管理层。巴菲特在1983年致股东的信中谈到公司与股东的关系时说："尽管我们登记为有限公司，但我们是以合伙的心态来经营公司的。查理·芒格和我视伯克希尔的股东为合伙人，而我们两个则为执行合伙人或控股合伙人。我们从来不把公司视为企业财产的最终拥有人。……我们煮的饭我们自己也吃。"中国股市也有不少这样的公司，比如格力电器就是这样，它的股权结构比较分散，大股东持股不超过20%，公司董事长董明珠持有公司不到1%的股票（4000多万股），位列第十大股东。一方面，国有大股东和其他大股东对她会有制衡，她不能为所欲为；另一方面，她的利益与公司的经营状况息息相关，与其他股民也是一致的。

　　在逐次交易中，我会尽量回避以下类型的公司股票。

　　一是回避自然人或家族企业控制的上市公司股票。这样的上市公司很难具有有效的制衡性，有些自然人、家族控制的上市公司的大股东或实际控制人，把上市公司视为自家财产，在公司管理方面随心所欲，为所欲为。这类公司最容易发生侵害中小投资者利益的事情。这类家族主导的公司由一个人或者一个家族掌控，由一个人或者少数几个人说了算，既缺乏内部制衡，也少有国家有关部门的监督，在当今的社会道德状况下，股东的利益只能依靠这类上市公司大股东和实际控制人的良心。这类公司赚不赚钱，你很难了解，由他们说了算。有时即便赚了钱也不分给你。一般来说这类企业分红也比较小气，在用现金分红的方式回报股东方面比较吝啬，不像前面说的有制衡机制的上市公司，如一些银行股，每年都会将净利润的一定比例分配给股东。多年来，屡屡发生的做假账，欺骗股民的事情，与庄家联手操纵股价、坑害大众的丑闻，大多发生在自然人或家族企业控制的上市公司中，不知有多少股民上当受骗，深受其害，欲哭无泪。有些上市公司名义上说是国有控股，实际上掌握在个人手中，也应该归入此类。有个号称"中国巴菲特"的民间"股神"在投资其朋友的上市公司吃了亏后宣称："以后不再和民企打交道了。"内部人尚且如此，普通股民更应该避开股权结构公众化程度比较低的上市公司。

二是不买股权结构和实际控制人模糊的上市公司股票。上市公司应拥有清晰透明的股权结构，这也是完善公司治理的重要内容。有些上市公司为了规避监管，故意将股权结构设计复杂化，多层级嵌套，迂回曲折，这不仅会拉长决策链，弱化公司治理，而且容易滋生内幕交易、利益输送、抽逃资本等，甚至掏空公司。有些上市公司一看前几个大股东是自然人，就知道它是几个人或家族控制的公司。但也有这种情况——前几个股东是公司（持股公司），而控制上市公司的自然人或者公司隐藏在持股公司的后面，投资者就需要小心识别了。因为投资者很难弄清楚那些隐藏在后面的公司或自然人究竟是怎么一回事。

三是不买股权过于分散企业的股票。股权相对分散，可以避免"一股独大"损害小股东权益的情况；但如果股权过于分散，股东之间为争夺企业控制权而展开权力斗争的概率会相应增加，并可能因此使企业经营陷入困境。倘若股权高度分散，大家就都没有积极性去监督企业经营者，从而形成经营者大权独揽的内部人控制现象，使企业经营陷入无序状态。这样的上市公司就像没娘的孩子，遇到困难很难得到股东的鼎力支持。

对于普通投资者来说，搞清楚上市公司的股权结构比搞清楚公司管理层的道德水平、管理能力会更容易，更具可行性。与股权结构密切相关的是上市公司前十大股东的变化情况，为什么是十大股东？因为普通投资者在上市公司的年报、中报、季报以及配股、增发等报告中只能看到十大股东的持股变化。按股市规则，前十大股东必须公示出来，投资者在买入之前至少应该看看前十大股东是何许人也，主要股东以前是否有不良记录。一个上市公司前十大股东的持股数量、股东变化等情况也是投资者应该关注的，大股东增持意味着他们看好企业的前景，大股东减持表明他们对公司的未来不乐观或是股价太高了。大股东的更替往往意味着公司经营范围、方式的改变，有时候还会成为市场炒作的导火索，有经验的投资者还可以从十大股东的变化情况中发现庄家的蛛丝马迹。

### 7. 上市时间比较长的公司

在选股时，我不会用刚上市不久的股票做逐次交易的交易标的。用老股还是用新股做逐次交易，这是个问题。对于普通股民来说，投资新股风险更大。我更愿意用有一定上市历史、有若干年良好记录的股票做逐次交易。格雷厄姆指出："良好的历史记录能够为公司的前景提供比不良记录更为充分的保证。对比100家在过去10年中每股年平均利润达到6美元的企业，和100家同期每股年平均利润仅为1美元的企业，我们有充分的理由断定，在今后的10年中，前一组企业所获得的总利润会高于后一组企业。"《价值的魔法》的作者托马斯·奥说："我们不主张保守型投资者购买那种盈利记录短于10年的公司股票，对于那种在过去5年中有亏损记录的公司也不要买。"邓普顿认为："在买进股票之前，绝对有必要彻底了解这家公司：它的运作方式，刺激销售的原因，为维持利润而面临的各种压力，业绩在一段时间内的波动状况，应对竞争的方式，等等。掌握这些信息，是构建心理堡垒的最好方式，这样你就可以在买卖股票时做出正确的决策。"邓普顿也主张不要买新上市的公司股票。

在投资一只股票前，投资者应尽量多了解上市公司的历史，5年、10年，或者是更长时间的经营情况，这是罗杰斯投资的秘诀之一，被称为"用历史透视法投资"。他常常在投资前制作出一份上市公司总分析表，分别列出该公司10～15年的经营数据，如利润率、净资产收益率等。巴菲特也十分看重公司的经营历史，他尤其喜欢投资历史悠久的金融类股票，目前他持有的四只金融类股票中，美国运通成立于1850年；富国银行成立于1852年；纽约梅隆银行是由纽约银行和梅隆金融公司合并而来，其中纽约银行成立于1784年；美国合众银行成立于1850年。反观A股市场，很多人热衷于买卖新股票，其实公司越新、上市历史越短的股票，人们对它的了解越少，投资风险越大。美国曾有人对过去十几年来新上市的公司做过研究，发现大多数公司在上市后的前几年跑输了大市。西格尔也不赞成买新发行的股票，他的研究表明："IPO投资者所能得到的年收益落后于市场两三个百分点。……只有1/5的首次公开发行股票优于市场。"彼得·林奇认为："新成立的公司首次公开发行股票的风险非常大……这种首次发行的新股，4只股票中有3只的长期表现都十分令人失望。"实际上，这种新股不如老股的情况是各个市场都普遍存在的。

对于大多数投资者来说，最好不要盲目投资处于创业阶段公司的股票。费雪主张不要买处于创业阶段公司的股票，他认为创业阶段的公司，投资者只能看到它的运作蓝图，并猜测它可能出现什么问题或可能拥有什么优点，这事做起来困难得多，得出错误结论的概率也高出很多。投资者应该坚守原则，决不买进创业阶段的公司，不管它看起来多有魅力，而老公司里面多的是绝佳的投资机会。

离开了过去，我们很难判断未来。对于未来，我们只能以过去来判断。温斯顿·丘吉尔说得好："你对过去能看到多远，就能预测未来多远。"所谓路遥知马力，日久见人心，所谓以史为镜，可以知兴替。唐朝诗人白居易有诗云："试玉要烧三日满，辨材须待七年期。"一家上市公司是优是劣更需要长时间的检验，这个时间的长度应该不少于 5 年。在逐次交易中，我不用新股或次新股做交易，只选择有一定经营历史的公司，如果一家公司过去 5 年、10 年乃至更长时间一直保持稳定的经营记录，包括稳定的收益和股息等，那么这家公司就比那些没有稳定记录或记录不太好的公司更让人放心。

### 8. 流动性好，成交额大的股票

做逐次交易最好选流动性好、成交额大的股票。不同的股票在同一个交易日中成交数量和成交金额相差巨大，流动性好的股票日成交额可以达到十几亿元、几十亿元甚至上百亿元，而流动性差的股票日成交额只有几百万元、几十万元甚至更少。以 2018 年 10 月 12 日为例，在这个交易日里，沪深股市成交额居前列的股票中，中国平安成交额 49 亿元，贵州茅台成交额 39.9 亿元、招商银行成交额 19.1 亿元，而成交额少的公司比如继锋股份成交额 407 万元、新宏泰成交额 174 万元、宁波富邦成交额 43 万元，在同一个交易日里，中国平安的成交额是宁波富邦成交额的 1 万多倍。如有两只股票，一只股票在一段时间里，平均每个交易日成交金额为 5 亿元，另一只股票在同一段时间里，平均每个交易日成交金额为 1000 万元，当然是前一只股票的流动性好。流动性对于逐次交易是十分重要的。其一，只有用流动性好、交易量大的股票进行逐次交易，交易者才能顺利买入或卖出，才容易变现。而流动性小，成交量少的股票，买入、卖出都不容易。其二，用交易量大、流动性好的股票进行逐次交易，你的交易不会影响股票价格；如果是交易量小的股票，逐次交易连续买入、卖出的数量稍大一些，就可能影响股价，这不利于交易的顺利进行。西蒙斯认为，在不被市场察觉的情况下进行交易，能最有效地降低交易成本，取得交易胜利。大奖章基金选择投资品的三个重要标准之一就是流动性好。西蒙斯说："大奖章基金只投资流动性好的产品。"

一般来说，大公司的股票流动性好，小公司的股票流动性差。不同的股票流动性也有天壤之别，成交额比较少的股票不适合用来做逐次交易，适合做逐次交易的股票每个交易日成交额至少应该超过 1 亿元。幸运的是股市中有许多流动性好、日成交额超过 1 亿元的公司，想找这样的股票并不难，一个简单的办法就是查看近一段时间股票成交额排行榜。

### 9.股性活、振幅大的股票

逐次交易是从股票波动产生的价差中赚钱，股价振幅太小的股票交易机会稀少，没有交易机会就没有利润。所以，股性活、振幅大是逐次交易选股的必然要求。

股价振幅，顾名思义就是股价的振荡幅度，就是股票开盘后的当日最高价和最低价之间的价差，当日收盘价与前日收盘价的价差。振幅在一定程度上表现股票的活跃程度。如果一只股票的振幅较小，说明该股不够活跃，反之则说明该股比较活跃。股票振幅分析有日振幅分析、周振幅分析、月振幅分析等。

一只股票振幅的计算方法：当日振幅 =（当日最高点的价格 – 当日最低点的价格）÷ 前一日收盘价 ×100%。

如兴业银行某交易日最高价 20.93 元，最低价 20.25 元，前一日收盘价为 20.22 元，那么在这一个交易日，兴业银行的日振幅为：（20.93–20.25）÷20.22×100%=3.4%。在这个交易日里，兴业银行的振幅为 3.4%，振幅较大，完全有机会逐次买入或逐次卖出。

再如 2020 年 3 月 4 日，中国石化股价最高 4.73 元，最低 4.6 元，当日振幅为 0.85%，不到 1%，振幅太小，基本上没有机会做逐次交易了。

在逐次交易中，一般应该在振幅超过 1% 时才做交易，振幅过小则应按兵不动，不做交易。振幅太小时，除去交易手续费、印花税、股息税等交易成本，基本无利可图，做逐次交易没有意义。一定幅度的股价振幅是逐次交易的必要条件，也可以说是逐次交易的利润来源，如果没有一定的振幅，逐次交易就无法进行。

其实，对于各种利用股价波动，从微小波动中赚钱的交易方法来说，都需要一定的股价振幅。威廉·江恩说："仅介入交易活跃的股票，避免介入那些运动缓慢、成交稀少的股票。"西蒙斯多次说："我们靠波动赚钱。"在一次研讨会上西蒙斯谈到自己的投资理念时说："有效市场假说是基本正确的，也就是说，市场上没有什么明显的套利机会。但是，我们关注的是那些很小的机会，它们可能转瞬即逝。"什么是"很小的机会"？逐次交易中一次交易产生约 1% 的收益就属于"很小的机会"。

看一只股票的股价波动幅度可以看某个交易日的股价振幅，更重要的是看其在一段时间里股价波动累计的涨跌额、涨跌幅。这些数据很容易从一只股票的基本数据中看到，比如从搜狐网有关个股的情况分析中可以看到，从 2016 年 9 月 5 日至 2017 年 1 月 26 日，格力电器股价最高 46.46 元，最低 36.42 元，振幅 21.6%。同一时间段，上汽集团股价最高 33.65 元，最低 28.43 元，振幅 15.5%；兴业银行最高 18.27 元，最低 16.83 元，振幅 7.9%；等等。

有些股票虽然物美价廉，但股性不活，涨跌幅度太小，这样的股票也许是长期投资的好目标，但并不适合做逐次交易，如工、建、中、农四大银行等股票，从股息率、投资收益率等方面来说，不能说它们不符合价值投资的要求，但这样的股票股价涨跌幅度太小，用来做逐次交易，可能出现的交易机会少之又少。我曾经用建设银行做双向逐次交易，因为波动幅度太小，交易机会太少，只好改换交易标的。有的股票一段时间振幅比较大，过一段时间振幅变小了，可能需要考虑换股操作。

上述逐次交易选择股票的九个标准，大多数情况下，不会同时出现在一只股票中，如果这些标准中的某个标准比较差，那么就应该相应提高对其他标准的要求，比如现金分红记录差一些，那么收益率就应该高一些；如果"护城河"不明显，那么应该有更多的安全边际，股价应该更便宜；流动性好、振幅大的股票，分红率、股息率、收益率、净资产收益率等可以稍低一点。在市场中，十全十美、各方面都符合要求的股票毕竟少之又少。

## 四、同时交易的交易标的数量

逐次交易需要交易者集中持股、分散交易，只有集中持股，才能分散买入卖出。那么，同时持有和交易几只股票比较合适？这没有一定之规，需要根据交易者拥有的资金数量、交易标的的价格水平、交易的价格区间、每一次交易的交易价差和交易数量等因素而定。如果资金比较少，在一段时间里集中资金，用逐次交易的方法交易两只股票比较合适，比如一位交易者用 300 万元资金，以中国石化作为逐次交易的交易标的，目前中国石化的股价在每股 4.2 元左右，相当于可以买入 71 万股中国石化，如每次交易 1 万股，可以交易 71 次，如每上涨或下跌 0.02 元交易一次，则大致可以覆盖中国石化 3.5 ~ 4.9 元之间的价格区间。再假设反向交易价差为 0.1 元，则每一次交易的毛利润约为 1000 元（0.1 元 ×10000 股），除去交易成本（手续费、印花税等），每一次交易的净利润约 900 元。在交易中国石化的同时，可以用其余的 200 万元交易另一只股票。

如果资金再多一些，可考虑同时交易 3 ~ 4 只股票。同时交易的股票少，则自己的资金可以覆盖更多的价格区间，交易风险会更小。同时交易的股票多，好处是每天交易的机会能增加，东方不亮西方亮，这只股票振幅太小，没有逐次交易的获利机会，也许另外一只股票振幅比较大，会出现交易机会。我觉得对于大多数做逐次交易的交易者来说，同时持有和交易的股票或指数基金最好不要超过 3 只。

## 五、长时间固定交易标的

逐次交易是一种长时间固定交易标的，在所交易的股票一定的价格区间里逐次买入、逐次卖出的交易方式，这种交易方式的特点决定了交易者不应频繁更换交易标的。一旦选定了交易标的，确定了交易的价格区间，用这只股票进行交易的时间至少应该是一年以上，也可以是数年或更长的时间。

长时间固定交易标的的方法，要求交易者在选择确定交易标的时应十分慎重，应对自己将要投入真金白银交易的股票进行深入细致的研究，对这只股票的各个方面和上市以来的全部情况都应研究透彻，了然于心。在交易中，对花费大量精力和心思琢磨得比较透彻的股票要有一定的信心，不能受到其他方面的影响，或是看到别人的股票涨得好就心慌意乱产生动摇，轻易更换交易标的。长时间固定交易一只股票，长时间是多长？只要这只股票后面的企业经营状况稳定，现金分红政策不变，就不要轻易换股。我于 2011 年 6 月至 2016 年 12 月的 5 年多时间里，一直用浦发银行股票做逐次交易，在这段时间里，浦发银行股价最低 7.1 元，最高 20.12 元。从 2016 年开始，我改用上汽集团股票做逐次交易，一直到 2022 年 12 月，长达 6 年多时间，这期间上汽集团股价最高 37.66 元，最低 14.41 元。

　　长时间固定交易标的，并不是说交易标的是一成不变的。如果上市公司的经营状况、竞争态势持续变差，现金分红减少，股息率降低，交易者就需要更换交易标的。我曾经用浦发银行做逐次交易，2016 年以前浦发银行一直使用现金分红，且股息率在银行股中比较高。2016 年春，浦发银行改变其一直以来的现金分红、高股息率的分配政策，宣布 2015 年度分红每 10 股转增 1 股，每 10 股派息 5.15 元，比上一年（2014 年度）每 10 股派息 7.57 元大幅度减少。鉴于浦发银行现金分红减少，并使用转增股的分配方式，不符合自己对于交易标的的要求，在随后的几个月我逐次卖出已持有 4 年多的浦发银行股票，改用上汽集团等股票做逐次交易。在以后的两年里，浦发银行现金分红逐年减少，2016 年、2017 年度现金分红分别为每 10 股 2 元、每 10 股 1 元。

　　2020 年以来，上汽集团的整车产量和销量不断下滑。前些年，上汽集团在全国整车市场的占有率一直保持在 20% 左右，近年来其市场占有率降低到 20% 以下，并且随着汽车行业的竞争日趋激烈，风险越来越大。特别是电动汽车大量进入市场，上汽集团的市场占有率逐渐下滑，股息也越来越少，2017 年至 2022 年，每股股息分别为 1.83 元、1.26 元、0.88 元、0.62 元、0.68 元、0.337 元。鉴于这种情况，2022 年年末至 2023 年年初，我全部卖出这只已持有 6 年多的股票，改用其他股票做逐次交易。

# | 第五章 |
## 怎样确定交易的价格区间

一种资产的价格在约百分之七十的时间中都是区间运行的。

——理查德·L.威斯曼《赌场式交易策略》

选定交易标的之后，接着要做的就是确定交易价格。交易价格在很大程度上决定逐次交易的成败，其重要性一点都不亚于选择交易标的。

股票投资物美还需价廉，好股票还需好价格，再好的股票，如果价格太高了，就不值得投资，就不是好的投资标的了，即便是非常优秀的股票，也有价格的天花板。在谈到交易价格的重要性时，格雷厄姆曾说："证券并没有好坏之分，只有便宜和昂贵之分。即使是最好的公司，当其证券价格上涨得太高时，也会变成'抛售对象'；即使是最差的公司，当其证券价格降到足够低的时候，也值得去购买。"霍华德·马克斯认为，构成杰出投资的要素，价格是主要因素。他说："我们的目标不在于'买好的'，而在于'买得好'。因此，关键不在于你买什么，而在于你用多少钱买。"

许多失败的投资并不是选错了交易标的，而是因为在错误的时间，以错误的价格买入或卖出股票。彼得·林奇认为，即使是买对了正确的股票，但如果在错误的时间以错误的价格买入，也会损失惨重。以错误的价格买入好股票导致亏损的事例，在股市中比比皆是，中国石油被巴菲特誉为亚洲最赚钱的公司，但同样投资中国石油股票，有人大赚，有人大亏。当年巴菲特以每股不到 2 港元的价格大量买入中国石油股票，持有一段时间以后，以每股十几港元的价格卖出，仅这笔交易，巴菲特就赚了 40 多亿美元。同样是中国石油股票，许多股民以每股 40 多元人民币的价格买入，结果亏得一塌糊涂，一句"问君能有几多愁，恰似满仓中石油"，道出了这些股民的心酸与无奈。西格尔指出："在购买股票时，估价永远都是最重要的。"同样的股票，不同的交易价格，结局是天壤之别。不管使用什么样的交易系统，确定交易价格都是其中最重要的一环，逐次交易也是如此。下面就来具体说说在逐次交易中，怎样确定交易价格。

# 一、逐次交易的价格区间

与集中买入或卖出需要将交易价格精确为一两个或若干个具体价位不同，逐次交易确定交易价格的要求是，给自己交易的股票确定一个大致的交易价格区间。

逐次交易的价格区间是一段时间里，逐次买入或逐次卖出一只股票的价格区间，比如交易者确定在未来一年时间里，以每股 15 ~ 25 元的价格作为一只股票逐次交易价格区间，只要这只股票的价格在这个区间波动，就在其价格下跌达到一定幅度时逐次买入，在其价格上涨达到一定幅度时逐次卖出，并在股价反转后不断做反向交易。如果每下跌 0.1 元就买入一次，每上涨 0.1 元就卖出一次，极端情况下需要交易上百次才能覆盖这只股票全部的价格区间。在逐次交易中，给交易价格划定一个大致的价格区间，可以让交易者更容易把握买入、卖出价格。在确定交易价格这个环节，我们"宁要模糊的正确，也不要精确的错误"（凯恩斯语）。

"区间"原本是一个数学领域的概念，指的是一个连续的范围，表示时间或空间上的一段。股票的价格区间既是一个时间概念，也是一个空间概念。股票的价格区间是指一只股票在一定时间里股价的波动范围，一只股票的价格常常会在一定的时间段里在一定的价格区间上下波动，从最高点到最低点，又从最低点到最高点，股价高低之间就是这只股票在这个时间段里股价的波动范围。如2021年年初，我确定以中国石化股价4～6元作为逐次交易的价格区间，以每股股价4元作为价格区间的最低价，低于这个价格只买不卖，以每股股价6元作为价格区间的最高价，高于这个价格只卖不买。实际上，2021年全年时间中国石化实际波动的价格区间为3.91～4.95元，其最低价略低于我确定的交易价格区间下沿，其最高价也低于我确定的交易价格区间上沿。2021年年初，我确定兴业银行逐次交易的价格区间为18～25元，实际上这一年兴业银行股价波动的价格区间为17.8～28.07元，其最低价低于我确定的交易价格区间下沿，最高价则高于我确定的交易价格区间上沿。

将"区间"概念用于股票交易，可以降低确定交易价格的难度，把交易价格确定为一两个具体的、精确的数字，很难，就像射击比赛，面对50米距离的靶子，想射中靶心，打中10环，这不容易，但将内在价值和交易价格确定为一个大致的价格区间，就好像在射击比赛中，不要求一定要射中靶心，只要求打中靶子、打中1～10环中的任何点就可以了，这就大大降低了射击难度。同样道理，将内在价值和交易的价格确定为一个大致的价格区间，确定交易价格就不那么困难了。

一些投资高手在谈到如何确定交易价格时，也主张不必过于追求精确的数字，格雷厄姆认为准确地评估股票的内在价值是一件非常困难的事情，他在《证券分析》中指出："关键的一点是，证券分析并不是为了精确决定某种证券的内在价值。证券分析的目的仅仅是确定价值是否大幅度高于或低于其市场价格。"格雷厄姆认为内在价值的评估只需要"粗略和大致的衡量"就可以了。他说："我们很有可能只需通过观察，就能判断一个女人是否达到了投票的年纪，而无须知其岁数；或者判断一个男人的体重是否超标，而无须知其体重"。同样道理，投资者只需要知道一只股票是否被高估或低估了，而无须知道其确切的内在价值到底是多少。巴菲特在谈到估值时坦承："我们只是对于估计一小部分的内在价值还有点自信，但这也只限于一个价值区间，而绝非那些貌似精确实为谬误的数字。"关于价值区间，菲利普·费雪有一段论述："股票评估问题的难点在于，没人能精确指出一只股票的内在价值到底是多少。正因为如此……我才把内在价值锁定成一个相对较大的范围，并在'内在'这个词上加一个引号。"那么，这个较大的范围究竟是多少？费雪说："由于影响股票内在价值的因素太多，因此如果企图把内在价值的精确度限制在10%之内，显然是不明智的。如果一只股票具有长期的投资吸引力，只要市场价值不超过内在价值估计值的25%～30%，你就可以买进，如果判断准确，这笔投资注定会带来不菲的利润。"

价格区间是一种客观存在，是股价运行的常态。一直下跌、只跌不涨的股票实为罕见，一直上涨、只涨不跌的股票也不会有，大部分股票在大多数时间里都是在一定的价格区间里上下波动的。理查德·L.威斯曼指出："一种资产的价格在约70%的时间中都是区间运行的。"实际就是这样，一只股票的价格可能会在数月、数年甚至更长时间里在一定的价格区间波动，从某一价位开始，经一段时间后又再次回到这个价位。当前价格与数月、数年，甚至十几年前相比，股价差不多的股票不在少数，如果不利用股价区间运行的规律进行交易，就会失去大量的交易机会，就会来来回回不停地坐过山车。

价格区间是有规律可循的，虽然股价不停波动，捉摸不定，但股票的内在价值是相对稳定的。有一个经典而形象的比喻：股票内在价值与股票价格就像主人与狗，股价如同被遛的狗，主人如同股票的内在价值，主人遛狗时，狗有时候跑到主人前面，有时候跑到主人后面，但是始终以主人为中心，终究会回到主人身边。耶鲁大学教授罗伯特·希勒说："股市短期不是经济的晴雨表，但长期一定是。"虽然短期内股票价格可能会偏离，甚至会大幅度偏离股票的内在价值，但长期来看，股价总是会回归价值。在逐次交易中，我们需要做的是研究并发现股价的波动规律，然后就像巴菲特说的那样，利用市场的愚蠢，进行有规律的交易。

一般认为，精准预测未来股价的变化是不可能的，但是，预测未来一段时间一只股票波动的价格区间并非不可能，詹姆斯·西蒙斯说："有一些价格走势不完全是随机的，这就是说有可能通过一定的方式来预测。"一只股票未来一定时间段内的价格波动区间，当属有可能通过一定的方式来预测的价格走势。如果预测下一个交易日或下一个月的某一天中国石化股价最高可以达到多少钱，这很难做到，但预测未来一年里，中国石化股价波动的价格区间，应该是可以的。

逐次交易开始前，交易者要在认真研究的基础上，确定自己交易的股票在未来一段时间交易的价格区间，在实盘交易中无论股价是上涨还是下跌，只要股价在自己确定的交易的价格区间运行，就可以按逐次交易的交易规则，有条不紊、从容不迫地进行交易。这样的交易可能是十几次、几十次、上百次乃至更多次。所有这些交易都是按交易规则和交易计划安排好的，就像下围棋一样，高手下棋可以看到一二十步以后，职业棋手默算三四十步也是常事。日本著名棋手加藤的算路很深，据传有一次他在拆解一个变化时停下来说："不行，下面第三十四手有一个双打，黑没法两全。"当时另一位著名棋手坂田荣男在边上说："可以，接着走到第六十二手的时候可以反吃回来。"在逐次交易中交易者需要像围棋高手一样，算得深，看得远。在逐次交易中，我曾经遇到过连续买入几十次不见股价反转上涨的情况，也有过连续卖出几十次不见股价反转下跌的情况，这种时候只能相信自己经过计算后设定的价格区间是合理的，如果没有事先确定好交易的价格区间，心里就会没底，逐次交易就无法坚持下去。

## 二、用关键数据确定交易的价格区间

怎样确定一只股票交易的价格区间呢？确定交易价格的前提是正确评估一只股票的内在价值，只有在大致搞清一只股票的内在价值的基础上，才能正确地确定交易的价格区间。格林·布拉特在一次演讲中回答自己对投资的看法时说："投资其实就是要弄清楚一个东西值多少钱，然后花很低的价格买下来，留足安全边际。"查理·芒格说："价格是你付出的，价值是你得到的。"想要弄清楚一只股票价值几何，可以有很多方法。巴菲特曾多次提到，他是用现金流折算法来估算企业的内在价值的，但他并没有详细具体说明自己是如何使用这个方法的。有一次，巴菲特的老伙计查理·芒格开玩笑说，他好像从来没见巴菲特使用这个方法计算过。按美国著名投资理论家约翰·B.威廉斯的说法，"股票的价值就是未来的现金流（收到的股息、卖出股票的收益）贴现后的价值"，而股票未来的现金流和贴现后的价值是不确定的，一只股票将来可以分到多少股息，在卖出时可以卖多少钱，都难以确定。贴现后的价值也是不确定的，贴现后的价值取决于未来利率的变化，而未来若干年市场利率会如何波动，谁也说不清。我曾尝试用所谓现金流折算法给自己交易的股票确定交易价格，后来发现这种方法难度太大，无法掌握。这让我明白这种方法不在我的能力范围之内。

有人主张，要在彻底了解一只股票的情况下，搞清其内在价值，并在此基础上投资。这个主意听起来不错，但实际执行很难。对于大多数人来说，想要彻底了解一家上市公司谈何容易。关于这个问题，塞斯·卡拉曼曾说过这样一段话："如果你觉得能看透任何一项投资决策背后的所有特性和逻辑的话，那你就大错特错了。总会有问题没人回答，该问的问题也经常没人问。就算现在能够完美地了解某一项投资决策，但还是要知道，绝大部分投资决策所依据的未来结果都是不可预测的。就算一项投资中的所有细节都被知道了，一家公司的价值也不是刻在石头上人尽皆知的，这才是最复杂的地方。如果公司价值可以保持恒定，股价就像行星一样绕着价值转，那投资就会变得简单得多。"不仅外部人士很难精确地判断一只股票的真正价值，有时候就是上市公司的内部人士，甚至上市公司的大股东和实际经营者也不一定清楚自己的公司究竟值多少钱。有人注意到一些上市公司常常不在股价比较高的时候卖出自己的股票，反而在股价比较低的时候卖出，比如腾讯上市以来大股东有过几次较大规模的减持，几乎每次都卖在最低点，2005 年 7 月在股价 6 元时减持，减持一年后股价上涨了 300%；2008 年 10 月股价大幅度下跌后又一次减持，这次减持后到2009 年，股价涨了 285%。目前（截至 2022 年 3 月 14 日）腾讯控股每股价格 366 元，最高时股价超过每股 700 元。

就连巴菲特和他的老搭档查理·芒格在计算同一企业时也总是不可避免地得出略有不同的内在价值，比如他们两人对他们自己的公司伯克希尔内在价值的估计就从未一致过，他们各自估计出的内在价值往往相差 10%。有人曾经向查理·芒格请教如何评估企业的内在价值，芒格回答说："搞清一只股票的内在价值，远比成为一个鸟类学家困难得多。"一家上市公司的所有者和实际控制人都无法准确判断自己的股票究竟价值几何，何况普通股民。因为评估内在价值如此困难，所以乔尔·格林布拉特估计，"大概不超过 1% 或 2% 的投资者有能力正确评估公司价值"。所以，对于大多数投资者来说，最好放弃那些复杂的、难度大的定价方法，选择尽可能简单的方法确定交易价格。

本着去繁就简、避难就易的原则，在确定一只股票逐次交易的价格区间时，我使用了一个非常简单的方法，这个方法就是依据上市公司财务报告中公开披露的一只股票的关键数据，通过简单计算，来确定逐次交易的价格区间。我把这种方法称为"关键数据定价法"。这个方法在具体操作中可以分两个步骤。

第一步，选择和采集确定交易价格区间需要的数据。在数据选择方面，只选择决定一只股票价值和价格区间的最关键的数据。数据并不是越多越好，有些数据无关紧要，可以不必理睬。达摩达兰认为确定交易价格的方法越简单越好，他说："我们可以从自然科学的简约性原则中得出这样一个简单的规则：在对一项资产进行估值时，使用最简单的模型。如果你可以用3个数据评估一项资产，那么就不要用5个数据。"在给一只股票估值和定价时，有些数据没有必要关注，只需要抓住关键数据就可以了。英国小说家柯南·道尔曾借福尔摩斯之口说："最重要的就是千万不要让无用的信息挤掉有用的信息。"那么，在确定交易价格时，哪些数据是一只股票的关键数据呢？我认为，每股股息、每股收益、每股净资产、每股未分配利润等，是确定一只股票交易价格的关键数据。

在使用关键数据确定交易的价格区间时，应使用上市公司最新公布的关键数据。上市公司会在每年3月到4月公布上一年的财务数据，我们在确定交易价格时，可以用上一年的关键数据作为下一年确定交易价格区间的依据。有人主张使用预测的、未来的财务数据，我不太相信预测的数据，很多专业人士和机构的预测往往不准。我觉得自己也没有能力比较准确地预测一只股票未来的财务数据，我更愿意使用最新公布的财务数据。用历史数据时，还可以参考上市公司最近半年报和季报，对准备使用的数据进行适当调整。

确定交易的价格区间时，不要仅看一年的数据，还应该回溯前几年的数据。这些数据在上市公司财务报告中很容易看到，如中国石化2017年至2022年每股股息分别是0.5元、0.42元、0.31元、0.2元、0.47元、

0.36 元；每 股 收 益 分 别 是 0.422 元、0.521 元、0.476 元、0.272 元、0.588 元、0.55 元。中国石化每年都用现金分红，从未中断，其间 2018 年因做原油期货形成巨额亏损，2020 年因为疫情业绩不佳，这两年股息和收益均有所下降，尽管如此，中国石化还是坚持用现金分红回报股东。2021 年中国石化的收益和股价恢复稳定，开始上行。再比如，兴业银行 2017 年至 2022 年每股股息分别是 0.65 元、0.69 元、0.762 元、0.802 元、1.035 元、1.188 元；每股收益分别是 2.74 元、2.85 元、3.1 元、3.08 元、3.77 元、4.2 元。几年来，兴业银行的每股收益和每股股息均稳定增加。如果一只股票收益和股息忽高忽低，或股息分配有中断，甚至出现不分配股息的情况，则这只股票不宜用来做逐次交易。

第二步，进行简单的计算。人们平常买点东西都要仔细算一算，买股票这么大的事怎么能不认真计算一下呢？凯恩斯说："算数法则比风言风语更为可靠。"《怎样选择成长股》的作者路易斯·纳维尔里认为："运用数字最重要的一个优点在于，它能阻止我们沉溺于虚幻的故事之中。"他说："华尔街叫卖的永远是故事，而我相信的则是数字。我从不相信华尔街的贩卖机，但我可以信赖我们数据库中的数字。""对我而言，最重要的投资策略，就是永远让自己的情感远离股市，让数字成为我们唯一的领航灯。"

根据关键数据来简单计算一只股票的投资价值，其中一个著名的例子就是巴菲特投资中国石油。有一次，巴菲特谈及他是怎样买入中国石油股票的，他回忆说，在大量买入中国石油股票时，他并没有见过中国石油的管理层，只是读了中石油 2002 年、2003 年的年报，看到了 2002 年中国石油每股收益和每股股息。当时在港股市场上，中国石油每股价格只有 1 ～ 2 元，他很容易就可以算出中国石油的股息率和收益率。巴菲特说 2003 年他大量买入中国石油股票就是因为看到当年中国石油的股息率高达 15%，同时股票收益率达到 30%，而不是他常说的依据中石油未来的现金流及折现。从巴菲特投资中石油来看，似乎确定交易价格的方法也没那么复杂，就像巴菲特曾说过的，股票投资只需要有加减乘除的计算就可以了。

在确定交易价格这个环节，计算的方法可以很复杂，也可以很简单，我选择的是比较简单的计算方法——关键数据法：将一只股票的每股股息和每股收益作为这只股票的关键数据。根据每股股息和每股收益，计算出一只股票的股息率、收益率、市净率以及增长率等重要比率，并在计算的基础上确定交易价格。我觉得再怎么简单的计算也比听故事、追概念和题材要好得多。哪怕这种计算方法不那么严谨，不够科学，甚至看起来有些粗糙，有些可笑，但只要经过简单的计算，自己确定的交易价格就不会太离谱。

接下来就具体说说，如何依据关键数据，通过简单计算来确定交易的价格区间。

# 三、用一个简单的计算公式确定交易的价格区间

在确定逐次交易的价格区间时，我将根据关键数据确定交易价格的方法，简化为下面这个计算公式：

逐次交易的价格区间 = 价格区间的上沿［（每股股息 ÷3%）+（每股收益 ÷10%）］÷2 ~ 价格区间的下沿［（每股股息 ÷6%）+（每股收益 ÷20%）］÷2

上述计算公式的含义：以3%的股息率对应的股票价格，作为用股息率确定的交易价格区间的上沿（最高价）；以10%的收益率对应的股票价格，作为用收益率确定的交易价格区间的上沿（最高价）。用每股股息和每股收益计算得到的交易标的的最高价，加权平均计算后得到的价格，作为这只股票逐次交易的价格区间上沿（最高价）。

以 6% 的股息率对应的股票价格，作为用股息率确定的交易价格区间的下沿（最低价）；以 20% 的收益率对应的股票价格，作为用收益率确定的交易价格区间的下沿（最低价）。用每股股息和每股收益计算得到的交易标的的最低价，加权平均计算后得到的价格，作为这只股票逐次交易的价格区间的下沿（最低价）。

以兴业银行为例，2018 年兴业银行每股股息 0.69 元，每股收益 2.85 元，用上述计算公式计算：

兴业银行逐次交易的价格区间 = 价格区间的上沿［（0.69 元 ÷3%）+（2.85 元 ÷10%）］÷2 ～ 价格区间的下沿［（0.69 元 ÷6%）+（2.85 元 ÷20%）］÷2

= 价格区间的上沿（23 元 +28.5 元）÷2 ～ 价格区间的下沿（11.5 元 +14.25 元）÷2

= 价格区间的上沿 25.75 元 ～ 价格区间的下沿 12.88 元

那么，25.75 ～ 12.88 元就是用这个计算公式计算得到的兴业银行逐次交易的价格区间，其中线为 19.32 元。

之所以用每股股息和股息率、每股收益和收益率以及两者的加权平均对应的价格区间，来确定逐次交易价格区间，其理由如下。

### 1. 为什么用每股股息和股息率来确定交易的价格区间

在确定逐次交易的价格区间时，我通常以 3% ～ 6% 的股息率对应的价格区间，作为一只股票逐次交易的价格区间。一般来说，上市公司对于每股收益的使用会分为两部分：一部分是现金分红，作为股息每年分配给股东；另一部分是留存收益，不分配给股东，留下来用于公司未来发展，扩大再生产，以便为股东赚更多的钱。对应股票价格，如每股股息率不低于 3%，表明这只股票股价不算太贵，有投资价值。每股股息和股息率是衡量一只股票价格是否合理的一个最可靠的数据，所以，在确定逐次交易的价格区间时，我总是将每股股息与股价直接挂钩。

股息是上市公司按股份向股东派发的现金红利，每股股息告诉人们上市公司每年每股给投资者分了多少钱。在与股票价值有关的所有指标中，股息数量和股息率是最重要的数据和比率。英国经济学家约翰·威廉姆斯认为可以通过股息估算股票的价值，并因这一观点而闻名。达摩达兰曾说过："有些投资者把股息看成是衡量收益的唯一保险的方法。他们认为，收益的很大一部分要用于再投资，因此对多数投资者来说，收益不仅是虚幻的，而且是摸不着的。"当看到这一段话的时候，我深以为然，我就是这种只相信股息的人，对于上市公司的其他数据总是将信将疑。我认为在一只股票的所有信息和数据中，每股股息和股息率是最可靠、最关键的一个数据，看一只股票价格贵不贵，先看股息率。没有现金分红或股息率太低的股票，不符合我的定价要求，遇到这样的股票就直接放弃。

用股息率计算股票的公允价格不但可靠，而且非常简单，容易操作。上市公司每一年的现金分红数据很容易看到，大部分上市公司一年分红一次，少数公司一年分红两次，上半年、下半年各一次。分红情况、每股股息在所有上市公司的年报或半年报中都处于醒目的位置，一看便知，是一个所有人都很容易得到的数据。根据自己所持股票的每股股息，投资者就可以算出这只股票的股息收益率。其计算方法为：股息率 = 每股股息 ÷ 每股股价。

2021 年中国石化每股股息 0.47 元，对应当年 12 月 31 日收盘价 4.23 元，股息率为 11%。

股息率反过来计算，用每股股价除以每股股息得出的数字，我称之为"市息率"，意即股票市价与股息之间的比率。还是用中国石化举例，用每股股价 4.23 元除以每股股息 0.47 元，得出市息率为 9。市息率可以表明，仅依靠现金分红，多少年可以拿回成本。用市息率可以更直观、更快捷地进行判断。我经常用 20 倍的市息率来判断一只股票是否具有投资价值。

中国石化的股息率已高于格雷厄姆衡量股票价值的标准，格雷厄姆要求股息率不低于 3A 级债券的 2/3，并且过去 10 年分红没有中断过。

有些股票现金分红的数字很大，但其股价过高，相比之下股息率或许并不高，比如贵州茅台 2016 年每股分红 6.787 元，同一年上汽集团每股分红 1.65 元，从绝对数字来说，当然是贵州茅台分红多过上汽集团，但股息率则是上汽集团远高于贵州茅台，原因就在于股票价格，2017 年 3 月上述两家公司公布分红预案时，贵州茅台每股价格 395 元，股息收益率只有 1.7%；上汽集团每股价格 25.38 元，股息收益率为 6.5%。孰高孰低，一目了然。如果一只股票没有现金分红或者很少分红，就无法用股息率计算其价值了，对于这种股票，我历来避而远之，从不用它做逐次交易。

股市里有这样一个值得所有投资者重视的现象：那些动不动就突然暴雷，股价闪崩的，大多是长期以来股息很低或者根本没有现金分红的股票。不信的话，你可以找几只股价闪崩、突然暴雷的股票，回过头看一看它们连续 5 年的现金分红记录。有一个例子：一位朋友 2015 年以每股股价 40 元左右的价格重仓买入一只名为怡亚通的股票，该股从股息率来说完全不足以支持其高高在上的股价，查看发现，从这一年往前 5 年，即 2010 年至 2014 年该股每股分红分别为 0.1 元、0.11 元、0.08 元、0.05 元、0.07 元。根据股息与股价比，其分红完全不足以支撑股价，果然在 2015 年该股股价快速上涨，一度达到每股 74 元，之后便好景不再，股价开始"跌跌不休"，到 2019 年，股价只有 4 元左右，相对其 2018 年每股 0.02 元的分红，股价仍然不便宜。乐视网（300104）在 2011 年至 2016 年 6 年时间里，每年每股现金分红分别为 0.073 元、0.05 元、0.032 元、0.046 元、0.031 元、0.028 元，就是这样一只每年每股只有几分钱股息的股票，股价一度高达每股 179 元，随后股价高台跳水，最后退市了之。暴风集团（300431.SZ）是当年与乐视网同样引人注目的一只股票，该股在 2014 年至 2018 年的 5 年时间里，每股现金分红分别为 0 元、0 元、

0.025 元、0.014 元、0 元，如此少得可怜的现金分红，其股价在 2015 年最高时居然达到每股 327 元，这只股票后来也退市了。安硕信息（300380）在 2013 年至 2018 年的 6 年时间里，每股现金分红分别为 0.2 元、0.2 元、1 元、0 元、0.02 元、0.1 元，就是这样一只股票，股价从 2014 年 4 月30 日每股 28.30 元一路上涨至 2015 年 5 月 13 日的每股 474 元。庄家出逃后，该股股价连续下跌，最低时只有每股 14.6 元，目前也只有每股 18 元左右，跌幅超过 90%。*ST 信威，2015 年时每股股价 68 元，对应 2014 年每股分红 0.006 元，接下来，2015 年至 2018 年每股分红分别为 0.0074 元、0.0091 元、0 元、0 元。信威大股东在 2015 年将其持有的 7000 万股信威股票质押给西部证券公司，借款 5 亿多元。2019 年，信威股价"飞流直下三千尺"，连续 43 个跌停板，股价只有 1.6 元，最后也没有逃脱退市的命运，西部证券无奈将信威大股东告上法庭。雏鹰农牧也是一只现金分红很少、送转股很大方的股票，该股 2010 年股价一度高达每股 69 元，到 2019 年退市整理时股价跌到最低 0.17 元，2011—2019 年该股现金分红合计只有 1 元左右，同时热衷于大比例送转股，2011 年 10 股转 10 股，2012 年 10 股转 10 股，2013 年 10 股转 6 股，2016 年 10 股转 20 股，终于触发 1 元退市的规则，把自己送出了 A 股市场。类似的例子还可以举出许多。我之所以举了这么多例子，是因为对那些只知道用各种手段从股民身上巧取豪夺而不思回报的股东的行为，实在是深恶痛绝。现在股市里仍有许多从来不用现金分红或现金分红少得可怜，股息率低得不像话的股票，其股价却高高在上，而大量的投资者在所谓概念、成长性等神话故事的忽悠下，飞蛾扑火般地追捧这些股票。现在有很多告诉人们如何防止上市公司暴雷、股价闪崩的秘籍，其实只要在买股票前，用股息率计算一下这只股票究竟值多少钱，也许就可以避免踩雷。

我认为，3% ~ 6% 的股息率对应的价格区间是比较合理的，股息率低于 3% 表明股价比较高，股息率高于 6% 则表明股票比较便宜。《怎样评估成长股的内在价值》的作者说："但是在现实生活中，你要找到一家长期保持6%股息率以及5%增长率的价值型公司，或者找到一家股息率为11%的零增长价值型公司几乎不可能。"但在我国的股票市场，如果稍加注意就会发现，这种"6%股息率以及5%增长率的价值型公司"并不罕见。

在逐次交易中，我期望的股息率不能低于3%，一般我会在一只股票的股息率达到4%左右时，开始买入，逐次建仓；在一只股票的股息率高于6%时，增加买入数量或只买不卖；在一只股票的股息率低于3%时，只卖不买，逐步卖出离场。股息率是衡量一只股票股价是否便宜的一把尺子，另一把尺子则是每股收益率。

### 2. 为什么用每股收益和收益率确定交易的价格区间

我通常以10% ~ 20%的每股收益率对应的价格区间，作为逐次交易的价格区间。

收益是股息的来源与基础，如果没有收益，股息就成了无源之水、无本之木。股息又是股票收益真实性的证明，稳定的、持续不断的现金分红说明上市公司的收益是真实的。对于那些每股收益很多，分红很少，或者根本没有现金分红的股票，我们很难确认其收益的真实性。我不相信那些收益率很高、股息率很低或不分配股息的股票，也从来不用这样的股票做逐次交易。对于那些分红还不错，但收益率比较低的股票，也需要慎重，谁都不知道这种股息与收益不相匹配的股票，其较高的股息率能不能长久维持。

每股收益即每股盈利，又称每股税后利润、每股盈余，指税后利润与股本总数的比率，是普通股股东每持有一股所能享有的企业净利润或需承担的企业净亏损。每股收益通常被用来反映企业的经营成果，衡量普通股的获利水平及投资风险，是投资者据以评估企业赢利能力，预测企业成长潜力，进而做出相关投资决策的一个重要财务数据。

每股收益告诉人们，上市公司每股每年为投资者赚了多少钱。每股收益是一个非常关键的财务数据，它决定了股票收益率、股息收益率、市盈率、每股收益增长率、每股净资产增长率和净资产收益率等重要比率。每股收益的变化必然引起上述各比率的变化。看每股收益，不能只看一年，应该观察一个比较长的时间段，以此判断这只股票的收益是不是稳定。

每股收益在所有上市公司的年报、半年报和季报中都处于十分醒目的位置，一看便知。看看自己所持股票的每股收益，持有者就能知道自己的股票每一股在相应的时间段内赚了多少钱。用每股收益可以很容易计算出股票收益率。而收益率是衡量股价是否合理的一个重要比率。每股收益率的计算公式：每股收益率 = 每股收益 ÷ 每股股价。

如中国石化 2018 年每股收益 0.52 元，2019 年 7 月每股股价约 5.5 元，如果投资者以每股 5.5 元的价格买入中国石化，用上述公式计算，则该股每股收益率 $=0.52 \div 5.5 \times 100\% = 9.5\%$。

每股收益率倒过来就是市盈率，市盈率的计算方法为：市盈率 = 每股价格 ÷ 每股收益。

很多人习惯使用市盈率，而不用投资收益率。我更愿意用收益率，原因在于，用股票收益率衡量股价更符合我们的思维习惯，也便于与其他大类资产的投资收益率进行比较。人们经常会看到的存款利率、债券利率、银行理财产品利率、房屋租金收益率等，都是要比较一下投资回报率的，用股票收益率衡量股价，更方便与其他投资品进行比较。相比较而言，股票收益率比市盈率更直观、更方便。格雷厄姆股票投资的一个重要指标：盈利回报与股价的比（也就是投资收益率）至少应是高评级企业债券的两倍。格雷厄姆曾说："我们建议以 16 倍市盈率作为普通股的最高价。"反过来计算，16 倍的市盈率大概相当于 6.2% 的投资收益率。在通胀高企的今天，每股收益率应不低于 10%。富国银行是巴菲特长期重仓持有的一只股票，1989 年巴菲特开始买入富国银行时，他的买入价格是富国银行每股收益的 5.3 倍，大约相当于 18.87% 的收益率。2012 年巴菲特大量买入中国石油股票，有人问巴菲特为什么投资中国石油，巴菲特回答说，他买中国石油股票的一个原因是他的买入价格对应的中国石油每股收益率达 30%。而 2007 年中国石油在 A 股公开发行，其股价高达 40 多元时，如果以中国石油公开发行时发行报告中披露的 2006 年每股收益 0.76 元，对应每股 40 元的股价，收益率不到 2%。如果用 10% 的每股收益率对应每股股价，其合理股价应该在 7 元上下。假如当时有人愿意用这样简单的计算方法，算一下该股的收益率，也许他就不会高价买入 40 多元的中国石油股票了。在确定交易价格时，我希望股票的收益率至少不低于 10%，也就是不高于 10 倍的市盈率。

### 3. 为什么用每股股息和股息率、每股收益和收益率的加权平均来确定逐次交易的价格区间

在用股息率和收益率确定交易价格时，会发现有时股息率和收益率会大体匹配，一只股票的收益率比较高，股息率也比较高，或者是股息率比较低，收益率也不太高，如 2021 年兴业银行每股股息 1.035 元，每股收益 3.77 元，用每股股息计算的逐次交易的价格区间为 17.25 ~ 34.5 元；用每股收益计算的逐次交易的价格区间为 18.85 ~ 37.7 元，两种计算得到的结果差不多。但很多时候，或者是股息率比较高，收益率比较低；或者是股息率比较低，收益率比较高。如 2021 年中国神华每股收益 2.53 元，分配预案的每股股息为 2.54 元，对应中国神华 2021 年年报公布时的每股股价 27.18 元，收益率不到 9.3%，比较低，而股息率也是 9.3%，这个股息率就比较高了。用上文所述的计算公式，以中国神华每股股息 2.54 元计算的交易的价格区间为 42.3 ~ 84.7 元，而以其每股收益 2.53 元计算的交易的价格区间为 12.65 ~ 25.3 元，两种计算方法得到的结果相差比较大。再

如，2021 年中国石化每股股息 0.47 元（上半年和下半年两次分红合计），对应中国石化 2021 年年报公布分红预案时每股股价 4.16 元，每股股息率 11.3%，这个股息率相当高；而每股收益 5.88 元，对应每股股价 4.16 元，每股收益率 14%，收益率一般水平。用前述计算公式，以中国石化每股股息 0.47 元计算的交易的价格区间为 7.8 ~ 15.7 元，以每股收益 0.588 元计算的交易的价格区间为 2.94 ~ 5.88 元，两种计算方法得到的价格相差也很大。在确定交易价格区间时，出现上述两种计算结果相差很大的情况，有点让人无从着手。一个解决方法就是将两种计算结果加权平均计算，将用股息率计算的交易价格和用收益率计算的交易价格相加，再除以 2，这个方法体现在上文提到的计算公式中。

经加权平均计算后，中国神华逐次交易的价格区间为 27.48 ~ 55 元。
［（84.7+25.3）÷2 ~（42.3+12.65）÷2］

今日（2022 年 3 月 28 日）中国神华的收盘价为 29.2 元。

经加权平均计算后，中国石化逐次交易的价格区间为 5.37 ~ 10.79 元。
［（5.88+15.7）÷2 ~（2.94+7.8）÷2］

今日（2022 年 3 月 28 日）中国石化的收盘价为 4.28 元。

实盘交易中，在确定交易的价格区间时，可将整个逐次交易的价格区间分为上沿、中线和下沿，具体来说可以这样划分：以 3% 的股息率和 10% 的收益率对应的价格，作为逐次交易的价格区间最高点，也就是交易价格区间的上沿；以 4.5% 的股息率和 15% 的收益率对应的价格作为价格区间中线；以 6% 的股息率和 20% 的收益率对应的价格，作为逐次交易的价格区间最低点，也就是交易价格区间的下沿。

将逐次交易的价格区间分为上沿、中线和下沿，可以帮助交易者统筹安排、合理使用资金。每一次交易都要做最坏的准备，争取最好的结果，价格区间的下沿就是在最坏的情况下，股票价格可能会跌到的最低价，价格区间的上沿就是在最好的情况下，股价可能会涨到的最高价格。《交易圣经》的作者布伦特·奔富将做最坏的打算作为交易的一条重要法则，他说："如果不能直面做最坏的打算法则，那么趁早收手别干这行了。"对我们来说，做最坏的打算就是在划定交易的价格区间时，将价格区间稍微划得大一些，宽一些，以应对可能出现的最坏的情况。

在交易中，我们可以根据股价在价格区间中的不同位置采取不同的交易策略：在价格区间中线上下开始买入、建仓。在价格区间中线以下至价格区间下沿之间，多买少卖，越接近价格区间下沿，仓位越重，持有的股票越多，现金越少。股价下跌超过价格区间下沿，只买不卖，持股等待。在价格区间中线以上至价格区间上沿之间，多卖少买，越接近价格区间上沿，仓位越轻，持有的股票越少，现金越多；如股价上涨超过价格区间上沿，只卖不买，逐步离场。

应该承认，仅依据每股股息和股息率、每股收益和收益率，通过一个计算公式来确定交易价格的方法，毕竟过于简单。我们可以将上述用简单公式计算得到的交易价格区间作为一个基准价，在实盘交易中最后确定交易价格区间时，还可以用一些其他的辅助方法，对用计算公式计算得到的交易价格区间进行调整，从而使我们确定的逐次交易的价格区间更合理。

# 四、确定交易价格的若干辅助方法

对用上述计算公式计算得到的逐次交易的价格区间，还可以用市净率、净资产收益率、收益增长率、每股未分配利润等数据和比率以及比较法，做进一步的确认和调整。

## 1. 用每股净资产、市净率和净资产收益率确定和调整逐次交易的价格区间

每股净资产又称股票账面价值，是指股东权益与总股数的比率。从会

计原理来说，每股收益代表上市公司每股赚了多少钱，每股股息代表上市公司给股东每股分了多少钱，而每股净资产则代表每股攒下来多少钱。

每股净资产 = 股东权益 ÷ 总股数

每股净资产在上市公司年报、半年报、季报中均有公布，一看便知，不需要我们自己去算。如 2021 年年末中国石化每股净资产 6.4 元，兴业银行每股净资产 28.6 元，上汽集团每股净资产 23.18 元，对应当前（2022 年 4 月 1 日）股价，可以知道，中国石化、兴业银行和上汽集团的股价均低于每股净资产。在一只股票的各种指标中，每股净资产是判断企业内在价值的一个重要的参考数据。格雷厄姆非常重视每股净资产这个数据，他总是希望用低于净资产的价格买入股票。

从净资产的角度看股价是否便宜的指标是市净率。根据每股净资产，可以很容易计算出一只股票的市净率。市净率（简称 P/B）指的是每股股价与每股净资产的比率。市净率的计算公式：

市净率 = 每股股价 ÷ 每股净资产

如以 2022 年 4 月 1 日的股价计算，中国石化的市净率是 0.68，兴业银行的市净率是 0.75，上汽集团的市净率是 0.74。

市净率表示投资者花多大的溢价购买一只股票。市净率可用于股票投资分析，一般来说市净率较低的股票，投资价值较高；市净率比较高的股票，投资价值比较低。投资低市净率股票是格雷厄姆最推崇的投资策略，他衡量股价是否便宜的一个准则就是，一只股票的价格不超过这家公司净资产的 2/3。为了避免买入市净率过高的股票，格雷厄姆提出了一个衡量股价是否合理的计算公式：

市盈率 × 市净率 =22.5

如果一只股票的每股市盈率为 15，市净率为 1.5，则 15 × 1.5=22.5。

格雷厄姆这个计算公式的意思是，一般情况下不要买入市盈率和市净率过高的股票。这一点很重要，可惜在我们的股市里，总是有人不重视市净率这个重要指标，即便是市净率超过 10 的股票也不乏交易者。

格雷厄姆的学生、巴菲特的学友施洛斯在与巴菲特讨论投资的时候说："我试图根据资产而非收益来买进被低估的股票。依据资产而非收益来判断，使我的投资活动得到了改善，因为收益容易发生变动。"施洛斯认为"收益容易发生变动"，收益一变，市盈率随之而变，有时候是幅度非常大的变化。但是，无论行业景气与否，上市公司的每股净资产一般不会出现大幅度变动，自然市净率就会相对稳定。在长达 39 年的投资中，施洛斯取得了 20% 多的年复合收益率。巴菲特也比较重视交易价格与净资产的比率，他分批买入富国银行股票的市净率分别是 1.21 倍、1.41 倍、1.54 倍。市净率对股价的影响是缓慢的、逐渐的，因为企业净资产的增加是一个慢慢积累的过程，随着每股净资产的增加，必定会逐步推高股价。当然也不是说市净率越低越好，还要看资产的赢利能力。

资产的数量重要，资产的质量更重要，用每股净资产和市净率衡量股票交易价格时，应与净资产收益率联系考虑。净资产收益率也叫净值报酬率或权益报酬率。该指标的计算公式：

净资产收益率 = 净利润 ÷ 净资产

净资产收益率是衡量上市公司赢利能力的重要指标。净资产收益率越高，说明投资带来的收益越高；净资产收益率越低，说明企业所有者权益的获利能力越弱。这个指标体现了自有资本获得净收益的能力。这是巴菲特最重视的一个指标，他多次说，他最看重的指标就是净资产收益率，他更愿意投资净资产收益率高于 15% 的企业。

总之，在调整和确定交易的价格区间时，我们应该将一只股票的每股净资产、市净率与净资产收益率联系起来考量，不单看一只股票的账面资产，还要看股价与净资产的比率，看资产的赢利能力。我的做法是，以 1 作为市净率的基准数，以 15% 作为净资产收益率的基准数，如果一只股票的市净率为 1，净资产收益率为 15%，就不因市净率、净资产收益率而调整用前面计算公式计算的交易价格区间。如果交易标的的市净率高于1，净资产收益率低于15%，就适当调低交易的价格区间；如果交易标的的市净率低于1，净资产收益率高于15%，就适当调高交易的价格区间。

一只股票的净资产收益率可以用上述计算公式计算，也可以从上市公司财务数据"赢利能力指标"中查看。根据2021年上市公司年报，中国石化、兴业银行和上汽集团的净资产收益率分别是9.35%、13.94%、9.19%。三只股票的净资产收益率都低于15%，净资产收益率不算高。三只股票的市净率分别为0.66、0.67、0.67，在市净率比较低的情况下，可以接受低一些的净资产收益率。

### 2. 用收益增长率、股息增长率、净资产增长率调整交易的价格区间

一只股票的价值与其成长性密切相关，成长性是价值的一部分，在确定和调整交易的价格区间时，应将成长性作为衡量交易价格的一个因素。许多投资者通过投资成长型股票，取得了骄人的投资业绩，巴菲特成功的奥秘之一就是他吸取了费雪成长股投资的精华，寻找并投资成长性好的公司。"价值投资之父"格雷厄姆在其晚年也认识到了成长性的巨大价值，他一生中最辉煌的交易，赚到的最大一笔钱，来自他对成长型企业政府雇员保险公司（GEICO）的投资。从成长型企业中尝到甜头的格雷厄姆曾经说过这样一句话："当一家公司能在可预见的未来实现15%的复合利润增长时，那么在理论上它的股价应该是天高。"彼得·林奇总是对成长型股票青睐有加、津津乐道，他说他最愿意购买的是每股收益增长25%～50%的公司股票。在成长股投资时，不能离开价值谈成长，巴菲特曾这样论述价值与成长的关系："大多数分析师感到他们必须在习惯上认为相反的'价值'和'成长'中做出选择。以我们的观点，这两种方法完全是连在一起的，成长性总是计算价值的一个组成部分，成长变量的重要性是完全不能忽视的，它对于价值的作用可以是正面的，也可以是负面的。"

　　什么样的股票是成长型股票？如何理解增长率的含义？增长率既可以定义为营业收入的增长，企业规模的快速发展，也可以定义为盈利的增长。对于企业未来的增长，既可以用历史数据估值，也可以用对未来的预测数据估值，不管用历史数据还是预测数据，有一点需要明确，成长型不是讲故事，也不是什么人对未来的描绘与承诺，而是企业实实在在的盈利增长。厘清成长型股票的定义和概念是非常必要的，为了准确评估一只股票的成长性，不应该过分看重企业的扩张速度和发展规模，而应依据一只股票的每股收益增长率、每股股息增长率、每股净资产增长率等数据，来判断一只股票的增长率。在确定和调整逐次交易的价格区间时，我根据三个数据和指标来判断一只股票的增长率。

　　（1）每股收益增长率是反映成长性的重要指标。每股收益增长率是当期期末每股收益较上期期末每股收益的增加值与上期期末每股收益的比率。每股收益增长率，反映了每一份公司股权可以分得的净利润的增长程度，该指标通常越高越好。

　　计算每股收益增长率的简化公式为：

　　（本期每股收益 – 上期每股收益）÷ 上期每股收益 ×100%

　　例如中国石化 2021 年每股收益 0.588 元，2020 年每股收益 0.275 元，其净利润增长率为 113.8%。兴业银行 2021 年每股收益 3.77 元，2020 年每股收益 3.08 元，其每股收益增长率为 22.4%。

　　收益是公司经营业绩的最终结果，收益的连续增长是公司成长性的基本特征，如其增幅较大，表明公司经营业绩突出，市场竞争能力强。净利润的增长主要来源于企业经营效率的提高和经营规模的扩大。使用这个指标时，应注意这只股票的净利润增长是不是持续稳定的，同时要注意对于那些业绩短期内爆炸式增长的公司，应该持怀疑态度。在乐观情绪下最容易犯的一个错误就是把成长性这一变量看得过重，对业绩增长的持续性估计过高，这样往往容易掉入成长的陷阱。在股市，总会有许多庄家、准庄家和他们雇用的专家学者用成长性忽悠人，用靠不住的成长性将市盈率高得离谱的股票推荐给投资者，普通股民一不小心就会被忽悠。

（2）每股股息增长率也是一个重要指标。如果每股股息没有与每股收益同步相应增长，普通股民怎么判断每股收益增长率是真是假。

每股股息增长的计算公式：

（当年每股股息 - 上年每股股息）÷ 上年每股股息 × 100%

有些公司被市场捧为高成长企业，可能是因为规模扩展快，但是看其股息并没有逐年增加，这样的成长不知道是真是假。一个例子就是乐视网股票。乐视网曾被视为 A 股创业板第一股，2010 年至 2015 年现金分红分别是每股 0.15 元、0.073 元、0.05 元、0.031 元、0.046 元、0.031 元，逐年下降。奇怪的是，很长一段时间，在很多人眼里，乐视网是成长股，市场给其很高的溢价率，该股的市盈率一度高达 115 倍，真不知是何道理。如果通过简单计算，2015 年乐视网每股收益 0.31 元，年股息每股 0.03 元，净资产为 2.58 元，如果按调整收益率为 10%，股息收益率为 3% 的最低标准，其合理股价应该在 3 元左右，而实际上 2015 年 5 月乐视网股价一度高达 44.72 元。

（3）每股净资产增长率。净资产增长率是指企业本期净资产增加额与上期净资产总额的比率。净资产增长率反映了企业资本规模的扩张速度，是衡量企业总量规模变动和成长状况的重要指标。净资产增长率的计算公式：

（本期每股净资产 - 上期每股净资产）÷ 上期每股净资产 × 100%

净资产增长率是代表企业发展能力的一个指标，反映企业资产保值增值的情况。

在使用增长率确定和调整交易价格时，应该记住数字比故事更重要，如果有人不顾具体数字就说哪只股票是成长股时，需要检查对照一下这只股票近几年来每股净资产的增减情况，看它是不是真的成长股。有人将成长性视为小公司的专有，好像只有小公司才有成长性，其实不然，一些大公司也有很好的成长性。达摩达兰认为"小公司的增长率比市场上同时期的其他公司的增长率更为变化不定"。

有人喜欢用市盈率与盈利增长率之比（PEG）来给股票估值。一般认为这个指标是彼得·林奇发明的一个股票估值指标，是在市盈率的基础上发展起来的，它弥补了市盈率对企业动态成长性估计的不足。该指标既能考察公司当前的盈利与市价之间的关系，又可以通过盈利增长速度评价未来一段时间内公司增长预期下的股票价格水准。PEG 的计算公式：

PEG= 市盈率 ÷（盈利增长率 × 100）

PEG 越低，越具有投资价值。一般认为 PEG 小于 1 时，股价比较合理，可以买入。

例如，某股票市盈率为 15 倍，每股收益增长率为 20%，则 PEG 为 0.75，以 PEG 值衡量，这个股票价格是合理的。

再如，某股票市盈率为 8 倍，每股收益增长率为 3%，PEG 为 2.67，按照 PEG 指标，这个股票的价格是不适合买入的。

其实，PEG 值无非是说，高增长率的股票可以用比较高的市盈率买入，增长率低一些的公司市盈率也应该低一些。PEG 指标有一定的道理，可以在投资中参考。但要注意的是，PEG 值的分子与分母均涉及对未来盈利增长的预测，不确定性比较大。常识告诉我们，过快的速度意味着不能长时间的延续，猎豹捕猎时的奔跑速度不能持久，也不能用百米比赛的速度要求运动员跑 1500 米，任何公司的高速发展也是阶段性的。

需要注意的是，有些人会利用 PEG 忽悠人，诱骗投资者买市盈率非常高的股票。在互联网过热的年代，华尔街有人就是用 PEG 来说明互联网股票高市盈率的合理性，互联网泡沫破灭后，PEG 值一度成为一个臭名昭著的概念。可以用 PEG 做参考，但不要被 PEG 忽悠了，不管怎么样，只要市盈率超过 15 倍，就要非常小心了，以免掉入高增长的陷阱。

总之，用增长率确定交易价格时，对增长率不能期望过高，在有限的时间里，任何高速成长的事物都不可能一直持续，总有一天会慢下来。从中长期来看，任何公司的利润增长都是有限的，约翰·聂夫不相信太高的增长率，他更相信 7% 左右增长率的股票；罗伊·纽伯格曾说："如果增长率是 30%，我愿意在市盈率为 20% 时买入。如果增长率是 20%，我愿意在市盈率为 15% 时买入。但在一般情况下，我更愿意买入市盈率比增长率低很多的股票。"达摩达兰指出，增长率存在着均值回归的现象。也就是说，今天快速发展的公司，其发展速度将会慢慢降下来，回归市场或行业的平均发展水平；而那些低于市场平均发展水平的公司的增长率将上升。

### 3. 用比较法确定和调整交易的价格区间

在调整和确定逐次交易的价格区间时，可以通过比较的方法来衡量股价。比较法是评估各类资产价格时常用的一种方法，如在房地产评估和企业并购交易中，就常用比较法。股票是资产的一种，当然也可以用比较法。人们平常买菜都会货比三家，何况买卖股票这样的大事，更需要仔细比较。比较法属于相对估值，达摩达兰说："相对于内在估值，相对估值的好处是你不需要太多的信息，而且所需要的时间更少，同时它也更能反映当时的市场情绪。"俗话说不怕不识货，就怕货比货，股价贵不贵，通过一系列比较，一只股票的高低贵贱就比较清楚了。在认真比较之后再做交易是理性而明智的做法。《证券分析》修订版的编辑科特尔认为"投资是相对选择的训练"。的确是这样，普通投资者在股市中能做的事情只有选择，因为我们无法影响股价走势，也无法影响上市公司的经营，但是我们可以选择，可以趋利避害，而正确的选择需要比较。在确定逐次交易的价格区间时，我是从以下几个方面进行比较的。

（1）同一只股票不同时间股价的纵向比较。在逐次交易开始买入建仓时，要认真回看一下这只股票的历史价格，通过历史价格的比较，尽量不在股价高点时买入，尽可能在月线、周线或日线底部买入，最好是在周线底部开始买入。巴菲特在大笔投资前会仔细考察目标公司前期的不同价格。1988年，巴菲特以市场前期最高价75%的价格买入可口可乐股票，这一度是巴菲特最大的一笔投资，也曾是他赚钱最多的投资。

《以交易为生》的作者亚历山大·埃尔德说："无论何时当我要研究一只股票时，我都喜欢回溯其12年的交易历史，来判断它在12年的交易范围内是便宜还是昂贵。"沪深股市的历史只有短短30多年，回溯一只股票的历史价格用不了多少时间。在确定交易价格时，可以查看这个股票上市以来全部业绩和股价变化情况，对该股票的历史价格了然于心，这很容易做到。比如，中国石油股价最高超过每股48元，最低4.04元，当前股价5.47元。中国石化最高价29.27元，最低价2.93元，当前股价4.37元。浦发银行1999年11月上市，开盘价29.5元，此后一直下跌，跌了6年，到2005年6月，最低每股6.41元；然后随大盘上涨，涨到2007年10月，最高每股60.91元，接着又随大盘下跌，2008年10月跌到10.77元，8个月后，2009年6月又涨到31元，目前（2022年3月28日）股价7.86元，再也没有回到曾经的高位。了解了一只股票长期以来的业绩和价格变化，确定交易价格时就会心中有数。在确定交易价格时，应尽量避免在一只股票股价处于高位时买入，看好一只股票，可以耐心等待，在其一定时间段的相对低价时开始逐次买入。

（2）同行业不同股票价格的横向比较。同行业不同股票的价格更具可比性，银行业的招商银行、兴业银行和浦发银行均属大型股份制商业银行，如用2021年3家银行的每股股息、每股收益，对应2022年5月10日的股价，比较3家银行股息率和收益率：

招商银行每股股息1.52元，每股收益4.61元，对应每股股价36.98元，股息率4.11%，收益率12.5%；

兴业银行每股股息1.035元，每股收益3.77元，对应每股股价20元，股息率 5.18%，收益率 18.9%；

浦发银行每股股息 0.42 元，每股收益 1.62 元，对应每股股价 7.85 元，股息率 5.3%，收益率 20.6%。

比较而言，招商银行股价略高一些，兴业银行和浦发银行差不多。

我用中国石化股票做逐次交易，而没有选中国石油，也是比较之后的选择。以 2021 年两只股票的每股股息、每股收益，对应 2022 年 4 月 1 日的股价，比较两只股票的股息率和收益率：

中国石油每股股息 0.226 元，每股收益 0.5 元，对应每股股价 5.47 元，股息率 4.1%，收益率 9.1%；

中国石化每股股息 0.47 元，每股收益 0.588 元，对应每股股价 4.37 元，股息率 10.8%，收益率 13.5%。

显然中国石化的股价更便宜，但在沪深股市，中国石油的股价长时间高于中国石化，同一时间在香港股市，中国石油和中国石化的股价则相差无几，2022 年 4 月 1 日，沪深股市中国石油股价为每股 5.47 元，中国石化股价为每股 4.37 元；同日香港股市中国石油股价为每股 4.02 元，中国石化股价为每股 4.03 元。

（3）与上市公司回购价和公司股东、公司管理层增持、减持价格比较。上市公司大股东、公司管理层和其他公司重要股东最了解公司经营情况，公司回购价格、大股东、管理层增持、减持价格都是我们确定交易价格的重要参考。2018 年 7 月，兖州煤业大股东兖矿集团以每股 11.18 元的价格增持兖州煤业 9799 万股，总值 10.96 亿元；2019 年，兖矿集团以每股 15.4 港元的价格增持兖州煤业 9700 万股，总值 15 亿元。而当前（2022 年 4 月 1 日）兖州煤业 H 股价格每股 24.35 元。

2021 年 9 月，上汽集团公告宣布计划用 15 亿 ~ 30 亿元资金，以集中竞价的交易方式回购公司股份，2022 年 4 月 7 日，上汽集团发布回购进展公告，宣布截至 2022 年 3 月 31 日，公司通过集中竞价交易方式，已累计回购公司股份数量合计为 69458741 股，占公司总股本的比例为 0.5945%，购买的最高价格为人民币 21.48 元 / 股，购买的最低价格为人民币 16.94 元 / 股，已支付的资金总额为人民币 1330689682.34 元（不含交易费用）。从上述回购公告可知，回购的平均价格为 19.15 元。2022 年 4 月 10 日，上汽集团收盘价为 15.88 元，比回购价低了 3.27 元，跌了 17%。2022 年 5 月 6 日，上汽集团发布公告，宣布公司控股股东上海汽车工业（集团）有限公司，计划自 2022 年 5 月 5 日起 6 个月内，以自有资金通过上海证券交易所允许的方式增持本公司 A 股股份，拟增持股份金额不低于人民币 16 亿元且不超过 32 亿元。还披露上海汽车工业（集团）有限公司已于 5 月 5 日增持了公司 19034982 股 A 股股份，约占公司已发行股份总数的 0.16%，增持金额为人民币 311206997 元，这部分增持价约为每股 16.35 元。上汽集团的回购价和大股东的增持价，对普通股民确定交易价格颇具参考价值。

2022 年 2 月至 3 月，兴业银行分行和总行部门负责人自愿从二级市场买入本公司股票 1690 多万元，成交价格区间为每股 20.36 ～ 23.08 元，不久后的 2022 年 3 月 15 日，兴业银行股价大跌 6.41%，收盘价 18.85 元，远低于兴业银行领导层的买入价，当日我坚持逐次买入兴业银行股票。

看上市公司回购、增持，不仅要看其回购、增持价格，还要看其回购数量，有的上市公司回购数量少得可怜，甚至只有区区数十万股，数量太少，就没有比较价值了。

了解上市公司回购、大股东和上市公司管理层增持减持价格，可以帮助我们更合理地确定交易价格。从商业常识和投资逻辑来说，公司外部人士、普通股民应争取比内部人士更低的持股成本，巴菲特就是这个观点。他在 1981 年致股东的信中说："我们在无控制权的公司上的投资前景反而比具有控制权的公司上的投资前景更佳。其原因在于，在股票市场上我们可以用合理的价格买到优秀企业的部分股权，而如果要通过并购谈判的方式买下整家公司，其平均价格要高于市价。"

（4）与上市公司定向增发价格的比较。定向增发价格也是一个比较有用的参考价格，一般来说，参与定向增发的都是与上市公司有关系的机构和个人，他们对该公司的内在价值会有比较深入的研究和了解，不仅如此，定向增发的股票价格都比较优惠，按照惯例，价格会打八折左右，如果在定向增发的价格以下买入股票，会比较安全一些。当然，在股市中，股票价格跌破定向增发价格也不稀奇。2016 年，前海人寿通过定向增发大量买入华侨城股票，买入成本每股 6.8 元左右。从 2016 年至 2022 年的 7 年间，华侨城每股分红分别是 0.07 元、0.1 元、0.3 元、0.3 元、0.304 元、0.4 元、0.1 元。就是算上分红，这几年前海人寿的这一大笔投资也没赚到钱。

（5）与同一时间段债券收益比较。很多投资者常将股票与债券进行比较，有人将股票视为一种债券（股权债券），按巴菲特的说法，股票其实也是债券，只是它的期限为永远而已。债券是有归还期限的，股票则是永续的、没有归还期限的债券。债券风险比股票小一些，所以，股票的投资回报率自然应该比债券高。巴菲特经常谈到根据长期国债的当前利率估算出企业未来收益折现以判断企业现值的方法。据说他每一次投资时，都会拿股票与长期国债进行对比。美国著名投资人戴维斯认为，债券市场是其他所有事物定价的基础。股、债相比，格雷厄姆主张股票收益应该是债券收益的两倍。在确定逐次交易价格时，我一般会以股息率超过当前固定收益类投资品的利率，作为一只股票可以开始买入的条件。

（6）同一只股票在不同市场中的价格比较。这里主要是指在港股市场和沪深股市上市的同一只股票，也就是 A 股和 H 股。按说同一只股票，相同的每股收益、每股股息和每股净资产，股价应该大体相当，实际上，有的 A 股和 H 股的价格相差比较大，这样的对比可以帮助我们更好地确定交易价格。如果有条件，同一只股票，A 股价格低就买 A 股，H 股价格低就买 H 股，反正每股得到的股息是一样的。

逐次交易的价格区间应该宽窄适度，价格区间过于宽泛，则资金使用效率太低，让账户中的资金长时间处于闲置状态；价格区间过于狭窄，则交易标的价格很容易离开我们确定的价格区间，股价下跌幅度稍大就无钱持续买入，股价上涨幅度稍大就没有股票可以继续卖出。价格区间的上下沿太高或太低，都会影响交易的效果。

在确定逐次交易的价格区间时，交易者还应考虑自己的资金情况，如果资金比较宽裕，可以将交易的价格区间定得适当宽泛一些，以捕捉更多的交易获利机会；如资金比较紧张，则可截取价格区间的一段做逐次交易。我自己就常截取，选择价格区间的一段做交易。如在确定中国石化合理的交易价格区间为 4 ~ 8 元后，因资金原因，我选择在 4 ~ 6 元这个价格区间做逐次交易，以减少资金使用数量。

## 五、适时调整交易的价格区间

逐次交易的价格区间确定后，应该保持相对稳定，不要因为股价大幅波动而轻易改变自己认真研究、深思熟虑后确定的交易价格区间。股价随时都在变化，但股票的内在价值是相对稳定的，不管股价怎样变化，交易的价格区间都应该保持相对稳定。当然，交易的价格区间也需要适时调整，因为企业的经营状况是不断变化的。关于企业经营状况的不确定性，格雷厄姆是这样说的："我们不能肯定过去的利润趋势将在未来保持下去。""经历了数十年兴盛时期的公司，可以在短短几年内陷入无力偿还到期债务的困境。而其他一些小型的、经营不善或名不见经传的企业，可以在同样短的时间里一举成为规模庞大，财源广进和声誉卓著的大公司。"随着企业经营情况和股票价值的变化，交易的价格区间也应做相应的调整。

交易者应及时阅读自己投资的上市公司的年报、半年报和季报，密切关注每股收益、每股股息，收益率、股息率和净资产增长率的变化，以及上市公司的分红政策，并根据股票基本面的变化及时调整交易的价格区间。例如，2021年中国石化每股股息0.47元，每股收益0.588元，每股净资产6.4元，随着该股股息率、收益率大幅提高，就应适当调整其逐次交易的价格区间。2018年兴业银行每股股息0.69元，每股收益2.85元，用计算公式计算，确定当时兴业银行逐次交易价格区间为12.88～25.75元。三年多以后的2022年3月25日公布了2021年报，披露2021年每股收益3.77元，每股股息1.035元，该股逐次交易的价格区间应向上调整。而上汽集团的每股股息、每股收益，比前几年有所下降，2018年上汽集团每股股息1.26元，每股收益3.08元，当时用计算公式计算得出，上汽集团逐次交易的价格区间为18.2～31.4元。三年多以后，2021年上汽集团每股股息0.62元，每股收益1.75元，每股股息和每股收益降幅都比较大，逐次交易的价格区间也应随之向下调整。

# | 第六章 |
# 设定交易价差和交易数量

承担风险，无可指责，但同时记住千万不能孤注一掷。

——乔治·索罗斯

小事成就大事，细节成就完美。

——戴维·帕卡德

选定交易的股票，并确定了这只股票逐次交易的价格区间，接下来就需要为每一次交易设定交易价差和交易数量。通过适当的交易价差和交易数量，可以将自己的资金和股票有规律地、均衡地分布在逐次交易的全部价格区间里。在交易中，只有以一定的交易价差和交易数量进行交易，才能在自己交易的股票价格下跌时逐次买入，价格上涨时逐次卖出，并在股价反转后可以持续不断地做反向交易。交易价差和交易数量的设定，是逐次交易整个交易系统不可或缺的一部分。

## 一、交易价差和交易数量

这里说的交易价差，是指在逐次交易中，上一次买入与下一次买入、上一次卖出与下一次卖出之间的同方向交易价差，以及买入价与卖出价、卖出价与买入价之间的反方向交易价差。从某种意义上说，几乎所有的股票交易都是价差交易，谁都期望卖出价比买入价高，买入价比卖出价低，有差价才有钱赚。对于大多数投资者来说，没有价差，何来利润。不同的是，逐次交易不同于全进全出的交易方式，不是一次性交易，而是高度分散资金和筹码，买入是一次接一次的逐次买入，卖出是一次接一次的逐次卖出，并随着股价反转不断进行反向交易，这就需要交易者为每一次交易设定适当的交易价差。适当的交易价差可以使自己账户里的资金能够覆盖交易价格区间的下沿，使自己持有的股票可以覆盖交易价格区间的上沿。设定交易价差是为了合理安排使用资金，保持交易的持续性，并通过逐次买入、逐次卖出产生的价差不断获取利润。

交易数量即每一次买入或卖出的股票数量。每一次交易的数量越多，盈亏就越多，交易需要的资金也就越多；每一次交易的数量越少，盈亏就越少，需要的资金也就越少。如何设定每一次交易的数量，取决于交易者拥有的资金和股票数量以及对盈亏数量的要求。设定逐次交易数量的原则是，通过设定适当的交易数量，让自己的资金和股票可以全部覆盖交易的价格区间，从而保持逐次交易的持续性。

在逐次交易中，选好了交易标的、确定了交易的价格区间，再设定好交易价差和交易数量，就形成了完整的逐次交易所需要的基本设定。交易标的、交易的价格区间、交易价差、交易数量等设定就像战场上炮兵在战前标定的射击诸元（标尺、方向、气压、高差、风速、风向及炮弹自转等火炮击中目标必备的技术参数），开战后不必临时瞄准目标，即可开火射击。同理，如果在交易开始前就确定好交易标的、交易的价格区间、交易价差、交易数量等交易必不可缺的基本设定，在实盘交易时，就可以按既定的交易规则、交易计划，有条不紊、从容不迫地进行交易了，而不必在交易中临场决定交易的诸多细节问题。

## 二、怎样设定交易价差

交易价差直接影响着逐次交易的效率，价差过大，无法捕捉股价微小波动产生的利润，可能会失去许多交易机会，增加资金闲置的等待时间；价差太小，需要更多资金才能覆盖逐次交易价格区间的下沿，需要更多的股票才能覆盖交易价格区间的上沿，容易出现股价持续下跌到一定程度没有资金可以逐次买入，股价上涨到一定程度没有股票可以逐次卖出的情况。所以，交易价差应大小适度。

交易价差的大小，与所交易的股票价格水平有关。中国石化每股价格4元多，如将中国石化的逐次买入或逐次卖出的交易价差设定为0.1元，即每下跌或上涨0.1元交易一次，可能很少有交易成交的机会，因为中国石化股价低，在大部分交易日里股价波动只有几分钱。而兴业银行每股价格20元左右每下跌或上涨0.1元交易一次，则不乏大量的交易机会。两只股票每股股价相差5倍，所以，中国石化每下跌0.02元买入一次或每上涨0.02元卖出一次，与兴业银行每隔0.1元交易一次，所需要的资金是一样的，产生的利润或亏损也大体相同。

交易价差的设定与交易者的可用资金数量有关，如一位投资者持有300万资金，以兴业银行股票作为交易标的，在交易数量为每次5000股的情况下，同向交易价差设定为每隔0.2元交易一次为宜，如果可用资金是600万元，同向交易价差可以设定为每隔0.1元交易一次。资金数量越多，交易价差可以越小一些；资金数量越少，交易价差可以越大一些。交易价差也与交易者持有的股票数量相关，持有的股票越多，卖出价差越小；持有的股票越少，卖出价差就越大。交易价差需通盘规划，综合考虑，总的要求是，交易价差的设定要做到即使股价跌到了价格区间下沿，仍有钱可以逐次买入，上涨到了价格区间上沿，仍有股票可以逐次卖出。在设定反向交易价差时，需要将交易中发生的税费等交易成本考虑进去，反向交易价差必须能够消化交易成本。

根据逐次交易的交易规则，交易者需要为逐次交易设定以下三种交易价差。

### 1. 双向交易价差

双向交易价差是指在交易开始前，双向逐次交易价格最高的买入委托单与价格最低的卖出委托单之间的价差。在交易委托单中，双向交易价差显示如下：

| 证券名称 | 交易方向 | 委托数量（股） | 委托价格（元） |
| --- | --- | --- | --- |
| 中国石化 | 买入 | 8000 | 4.19 |
| 中国石化 | 买入 | 8000 | 4.21 |
| 中国石化 | 买入 | 8000 | 4.25 |
| 中国石化 | 买入 | 8000 | 4.23 |
| 中国石化 | 买入 | 8000 | 4.27 |
| **中国石化** | **买入** | **8000** | **4.29** |
| 中国石化 | 卖出 | 8000 | 4.49 |
| 中国石化 | 卖出 | 8000 | 4.47 |
| 中国石化 | 卖出 | 8000 | 4.45 |
| 中国石化 | 卖出 | 8000 | 4.43 |

| 中国石化 | 卖出 | 8000 | 4.41 |
| **中国石化** | **卖出** | **8000** | **4.39** |

在上面的交易委托单中，买入委托单价格由高到低逐次排列，第一个买入委托也是委托价最高的一个买入委托单是 4.29 元（用粗体字显示）；卖出委托单价格由低到高逐次排列，第一个卖出委托也是委托价最低的一个卖出委托单是 4.39 元（用粗体字显示）。两者之间的价差即为双向交易价差，这里设定的双向交易价差为 0.1 元。

再看兴业银行的双向交易委托单：

| 证券名称 | 交易方向 | 委托数量（股） | 委托价格（元） |
| --- | --- | --- | --- |
| 兴业银行 | 买入 | 3000 | 19.95 |
| 兴业银行 | 买入 | 3000 | 20.05 |
| 兴业银行 | 买入 | 3000 | 20.15 |
| 兴业银行 | 买入 | 3000 | 20.25 |
| 兴业银行 | 买入 | 3000 | 20.35 |
| 兴业银行 | 买入 | 3000 | 20.45 |
| **兴业银行** | **买入** | **3000** | **20.55** |
| 兴业银行 | 卖出 | 3000 | 21.65 |
| 兴业银行 | 卖出 | 3000 | 21.55 |
| 兴业银行 | 卖出 | 3000 | 21.45 |
| 兴业银行 | 卖出 | 3000 | 21.35 |
| 兴业银行 | 卖出 | 3000 | 21.25 |

| 兴业银行 | 卖出 | 3000 | 21.15 |
|---|---|---|---|
| **兴业银行** | **卖出** | **3000** | **21.05** |

其中价格最高的一个买入委托价是 20.55 元（用粗体字显示），价格最低的一个卖出委托价是 21.05 元，两者之间的价差为 0.5 元。

交易中如当日股价下跌，达到或低于价格最高的那个买入委托单的委托价，则买入委托可以成交；如当日股价上涨，达到或高于价格最低的那个卖出委托单的委托价，则卖出可以成交。如当日股价波动比较大，既低于第一个买入委托单委托价，也高于第一个卖出委托单委托价，则委托价最高的买入委托单和委托价最低的卖出委托单均会成交。

双向交易价差需大小适当，价差太小，抛去交易成本，交易无利可图；价差太大，无法捕捉微小波动产生的交易机会。双向交易价差的设定可以用百分比，也可以确定一个绝对数。在逐次交易中，我一般以股价 2% 左右的振幅设定双向交易价差，为操作方便，我会将这 2% 左右的价差确定为一个具体数字，如将中国石化的双向交易价差设定为 0.08 元，差不多是其股价的 2% 左右；兴业银行双向交易价差设定为 0.4 元，差不多也是其股价的 2% 左右。2% 的价差抛去交易成交，大约还有 1.5% 的交易利润。

### 2. 同向逐次交易价差

按逐次交易的交易规则，在股价下跌过程中，交易者要一次接一次地逐次买入；在股价上涨过程中，要一次接一次地逐次卖出。逐次买入是同向交易，逐次卖出也是同向交易，在同向交易中，上一次买入与下一次买入之间的价差，或上一次卖出与下一次卖出之间的价差，即为同向交易价差。换句话说，所谓同向交易价差，就是在逐次买入时，每隔多少钱买入一次；在逐次卖出时，每隔多少钱卖出一次。还是用前面的交易委托单来说明。其中中国石化股票的 6 笔买入各取所长单是同一个交易方向，这 6 笔委托单之间，每隔 0.02 元买入一次，这 0.02 元就是该股同向逐次买入的交易价差；6 笔卖出委托单，也是同一个交易方向，其价差为 0.02 元，是同向逐次卖出的交易价差。兴业银行的交易委托单中，7 个买入委托单为同一个交易方向，7 个卖出委托单也是同一个交易方向，这些同向交易委托单每隔 0.1 元交易一次，这 0.1 元就是该股同向逐次交易价差。

同向交易价差的设定，与交易者可用的资金、股票数量和每一次交易数量相关，如一位交易者用中国石化股票做逐次交易，确定交易的价格区间为 4 ~ 6 元，在每次交易数量为 8000 股的情况下，每股以中间价 5 元计，如设定同向交易价差为 0.02 元，大概可以交易 100 次，需要 300 万元资金才可以覆盖逐次交易的全部价格区间。如将同向交易价差设定为 0.04 元，则只需要 150 万元就可以覆盖逐次交易的全部价格区间。

同向交易价差直接影响着逐次交易的效果，同向交易价差太大，成交机会就相对较少，交易机会少就会增加资金闲置等待的时间，资金就不能充分发挥作用。而同向交易价差过小，则资金需求量大，在股价不断下跌时资金不够用，无法覆盖交易价格区间下沿，可能会出现看着股价持续下跌，手里的钱却已经用完的情况；在股价不断上涨时，持有的股票数往往不能覆盖交易价格区间的上沿，出现过早卖完股票后续无股票可卖的情况。

同向交易价差可以根据股价涨跌做适当调整，当股价在交易的价格区间中线以下时，多买（缩小逐次买入价差），少卖（增大逐次卖出价差）；当股价在交易的价格区间中线以上时，多卖（缩小逐次卖出价差），少买（增大逐次买入价差），这样可以降低交易风险，增加投资利润。

### 3. 反向交易价差

反向交易价差是指在股价运行方向反转后，也就是股价从上涨转为下跌或由下跌转为上涨后，做反向交易的价差。我们继续用前面的交易委托单来说明。

| 证券名称 | 交易方向 | 委托数量（股） | 委托价格（元） | 成交数量（股） | 成交价格（元） |
|---|---|---|---|---|---|
| 中国石化 | 买入 | 8000 | 4.19 | | |
| 中国石化 | 买入 | 8000 | 4.21 | | |
| 中国石化 | 买入 | 8000 | 4.23 | | |
| 中国石化 | 买入 | 8000 | 4.25 | | |
| **中国石化** | **买入** | **8000** | **4.27** | **8000** | **4.27** |
| **中国石化** | **买入** | **8000** | **4.29** | **8000** | **4.29** |
| 中国石化 | 卖出 | 8000 | 4.51 | | |
| 中国石化 | 卖出 | 8000 | 4.49 | | |
| 中国石化 | 卖出 | 8000 | 4.47 | | |
| 中国石化 | 卖出 | 8000 | 4.45 | | |
| 中国石化 | 卖出 | 8000 | 4.43 | | |
| 中国石化 | 卖出 | 8000 | 4.41 | | |

从上表可见，交易委托单中，买入委托价4.29元、4.27元的两个买入委托单成交了（用粗体字显示），按逐次交易反向交易规则，交易者需对应已成交的交易委托单下反向交易委托单，反向交易委托价以买入价定卖出价，如果是买入转为卖出，应增加一定的委托价；如果是卖出转为买入，需减少一定的委托价。对应上述成交的4.29元、4.27元的两个买入委托单，如设定反向交易价差为0.1元，则需在买入价格上增加0.1元，作

为反向交易卖出价格，即卖出价格应设为 4.37 元、4.39 元。对应上述两个买入委托单成交价，输入两个反向交易卖出委托单。输入两个反向卖出委托单后，交易委托单显示如下（用粗体字显示）：

| 证券名称 | 交易方向 | 委托数量（股） | 委托价格（元） | 成交数量（股） | 成交价格（元） |
|---|---|---|---|---|---|
| 中国石化 | 买入 | 8000 | 4.19 | | |
| 中国石化 | 买入 | 8000 | 4.21 | | |
| 中国石化 | 买入 | 8000 | 4.23 | | |
| 中国石化 | 买入 | 8000 | 4.25 | | |
| 中国石化 | 买入 | 8000 | 4.27 | 8000 | 4.27 |
| 中国石化 | 买入 | 8000 | 4.29 | 8000 | 4.29 |
| | | | | | |
| 中国石化 | 卖出 | 8000 | 4.51 | | |
| 中国石化 | 卖出 | 8000 | 4.49 | | |
| 中国石化 | 卖出 | 8000 | 4.47 | | |
| 中国石化 | 卖出 | 8000 | 4.45 | | |
| 中国石化 | 卖出 | 8000 | 4.43 | | |
| 中国石化 | 卖出 | 8000 | 4.41 | | |
| | | | | | |
| **中国石化** | **卖出** | **8000** | **4.39** | | |
| **中国石化** | **卖出** | **8000** | **4.37** | | |

再以兴业银行为例来说明。

| 证券名称 | 交易方向 | 委托数量（股） | 委托价格（元） | 成交数量（股） | 成交价格（元） |
|---|---|---|---|---|---|
| 兴业银行 | 买入 | 3000 | 19.95 | | |
| 兴业银行 | 买入 | 3000 | 20.05 | | |
| 兴业银行 | 买入 | 3000 | 20.15 | | |
| 兴业银行 | 买入 | 3000 | 20.25 | | |
| 兴业银行 | 买入 | 3000 | 20.35 | | |
| 兴业银行 | 买入 | 3000 | 20.45 | | |
| 兴业银行 | 买入 | 3000 | 20.55 | | |
| 兴业银行 | 卖出 | 3000 | 21.55 | | |
| 兴业银行 | 卖出 | 3000 | 21.45 | | |
| 兴业银行 | 卖出 | 3000 | 21.35 | | |
| **兴业银行** | **卖出** | **3000** | **21.25** | **3000** | **21.25** |
| **兴业银行** | **卖出** | **3000** | **21.15** | **3000** | **21.15** |
| **兴业银行** | **卖出** | **3000** | **21.05** | **3000** | **21.05** |

对应上述3个卖出委托单成交价，输入3个反向交易买入委托单。输入3个反向买入委托单后，当日的交易委托单显示如下（用粗体字显示）：

| 证券名称 | 交易方向 | 委托数量（股） | 委托价格（元） | 成交数量（股） | 成交价格（元） |
|---|---|---|---|---|---|
| 兴业银行 | 买入 | 3000 | 19.95 | | |
| 兴业银行 | 买入 | 3000 | 20.05 | | |
| 兴业银行 | 买入 | 3000 | 20.15 | | |

| | | | | | |
|---|---|---|---|---|---|
| 兴业银行 | 买入 | 3000 | 20.25 | | |
| 兴业银行 | 买入 | 3000 | 20.35 | | |
| 兴业银行 | 买入 | 3000 | 20.45 | | |
| 兴业银行 | 买入 | 3000 | 20.55 | | |
| | | | | | |
| 兴业银行 | 卖出 | 3000 | 21.55 | | |
| 兴业银行 | 卖出 | 3000 | 21.45 | | |
| 兴业银行 | 卖出 | 3000 | 21.35 | | |
| 兴业银行 | 卖出 | 3000 | 21.25 | 3000 | 21.25 |
| 兴业银行 | 卖出 | 3000 | 21.15 | 3000 | 21.15 |
| 兴业银行 | 卖出 | 3000 | 21.05 | 3000 | 21.05 |
| | | | | | |
| **兴业银行** | **买入** | **3000** | **20.85** | | |
| **兴业银行** | **买入** | **3000** | **20.75** | | |
| **兴业银行** | **买入** | **3000** | **20.65** | | |

从上表可见，双向交易委托单中，兴业银行有 3 笔卖出委托单成交，成交价分别是 21.05 元、21.15 元、21.25 元（用粗体字表示），按逐次交易反向交易规则，对应这 3 笔成交价格，交易者需下反向交易买入委托单。反向交易价差以卖出价定买入价，如设定反向交易价差为 0.4 元，则反向交易买入价分别为 20.85 元、20.75 元、20.65 元，每一笔反向交易价差均为 0.4 元，以上是卖出转为买入的反向交易。

设定一定的反向交易价差后，反向卖出可以兑现以前买入的股票产生的利润，反向买入则可以降低相同数量股票的持股成本。实际上，逐次交易的利润就是从反向交易的价差中产生和积累的。反向交易价差应大小适当，价差太大，交易机会少，资金使用效率低；价差太小，交易成本高，利润空间小，甚至可能无利可图。

反向交易价差的设定，与投资者对每一次交易实现的盈利要求相关，如交易者要求每一次交易可以产生每股 0.5 元的利润，则反向交易价差可以略高于 0.5 元，如交易者要求每一次交易实现每股 0.3 元的利润，则反向交易价差可以略高于 0.3 元。

反向交易价差的绝对数与交易股票的价格水平相关，如前文所说的中国石化反向交易价差 0.1 元，兴业银行反向交易价差 0.4 元，两者的反向交易价差其实大体相同，都是股价的 2% 左右。

反向交易价差的设定，与股价振幅相关。振幅大的股票，反向交易价差可以大一些；振幅小的股票，反向交易价差应该小一点。我曾以 1.2 元的价差做一只港股的反向交易，一段时间里，这只股价 20 元左右的股票，振幅时常超过 1 元。而中国石化振幅小，在同一交易日中很少出现价差超过 0.15 元的反向交易机会，所以宜将其反向交易价差设定为 0.1 元，只有这样小的反向交易价差才能更多地捕捉该股价格波动中出现的反向交易机会。兴业银行的振幅比中国石化大，其反向交易价差可以更大一些。

## 三、怎样设定交易数量

确定了交易的价格区间，设定好交易价差，就可以根据计划使用的资金总量，设定每一次交易的股票数量，也就是每一次交易时买入或卖出多少股票。

一些交易方法将交易数量的设定作为交易规则的一个重要组成部分，我们可以看看它们是如何设定交易数量的。著名的海龟交易系统规定，每一次交易的数量是账户中全部资金的 2%。海龟交易系统将账户中的全部资金（不管是多少）的 2% 作为每一次投入的资金数量，如果资本金是 2 亿元，乘以 2% 就是 400 万元，则每一次交易数量应为 400 万元。也就是说，这种方法将全部资本分成了 50 份，每次交易只使用 1 份。通过高度分散使用资金，可以大幅降低交易风险。

20 世纪 50 年代，贝尔实验室的科学家约翰·凯利发明了一种可以最大化长期资本收益的方法，这个方法被称为凯利公式。凯利公式的原则是一般情况下少下注，只有在情况特别有利时才多下注。一般情况下少下注的好处是在每一次交易中，你只是投注了你全部资金很小的一个比例，即便出现不利的情况，也不会一下子耗尽你所有的钱。凯利公式告诉人们在可以选择的条件下，如何分配资金以及如何根据自己优势的增加或风险的减少来决定投资的金额。

信息论创始人、香农的学生、美国数学讲师爱德华·索普在凯利公式的基础上，发明了一种策略，他将这种策略用于赌场，一夜之间"奇袭"了内华达里诺市的所有赌场，并成功地从"二十一点"游戏桌上大赢庄家。据此，他写了《战胜庄家》一书。电影《决胜 21 点》中的主角就是爱德华·索普的原型，其中的教授原型就是香农。由于索普屡赌屡赢，各赌场将他拒之门外。后来他将这种策略用于股票投资，成为华尔街量化交易对冲基金的鼻祖。索普在书中写道："为了让你们相信这不是全凭运气，我估计……我已经为我的投资者们进行了价值 800 多亿美元的买卖交易（用赌场的术语就是'赌注'），分解成 125 万笔独立的'赌注'，每笔的平均价值为 6.5 万美元，平均相当于每次都投入数万'筹码'。"据索普说，每一笔交易都有大约 0.5% 的利润，其中一半的利润用于交易手续费，另一半累加起来变成了可观的利润。也就是说，索普的每一笔交易只赚 6.5 万美元的 0.25%，大约为 162.5 美元。索普运作过两只对冲基金，运作了近 30 年，取得了年均 19% ~ 20% 的收益率，并且没有一年出现过亏损的业绩。

与海龟交易系统、凯利公式和索普交易方法有某些相似，逐次交易也是按比例投入资金或卖出股票。逐次交易的每一次交易不能保证买入后股价不会下跌，也不能保证每一次卖出后股价不会再涨，但按比例下注，可以保证卖出后股价涨了还有股票可以再卖，买入后股价跌了还有资金可以再买。为每一次交易设定适当的交易数量，可以让交易者在相对低仓位、低风险的情况下，取得比较可观的利润。

在逐次交易中，可以用以下几种方法设定交易数量。

**1. 等量交易法（均注法）**

这种方法要求每一次买入或卖出同样的股票数量。如在逐次买入时，第一次买入 5000 股，则以后每一次买入都是 5000 股；反之，如果第一次卖出是 5000 股，则以后每一次卖出也都是 5000 股。等量交易法的好处是简单，便于资金安排，风险比较小，不足之处是资金使用效率低，交易利润不会太高。我在逐次交易中，常用等量交易法设定交易数量。如下面中国石化逐次交易的交易数量用的就是等量交易法，每一次买入或卖出的数量都是 8000 股。

| 证券名称 | 交易方向 | 委托数量（元） | 委托价格（元） |
| --- | --- | --- | --- |
| 中国石化 | 买入 | 8000 | 4.13 |
| 中国石化 | 买入 | 8000 | 4.15 |
| 中国石化 | 买入 | 8000 | 4.17 |
| 中国石化 | 买入 | 8000 | 4.19 |
| 中国石化 | 买入 | 8000 | 4.21 |
| 中国石化 | 买入 | 8000 | 4.23 |
| 中国石化 | 买入 | 8000 | 4.25 |

| 中国石化 | 买入 | 8000 | 4.27 |
|---|---|---|---|
| 中国石化 | 买入 | 8000 | 4.29 |
| | | | |
| 中国石化 | 卖出 | 8000 | 4.55 |
| 中国石化 | 卖出 | 8000 | 4.53 |
| 中国石化 | 卖出 | 8000 | 4.51 |
| 中国石化 | 卖出 | 8000 | 4.49 |
| 中国石化 | 卖出 | 8000 | 4.47 |
| 中国石化 | 卖出 | 8000 | 4.45 |
| 中国石化 | 卖出 | 8000 | 4.43 |
| 中国石化 | 卖出 | 8000 | 4.41 |
| 中国石化 | 卖出 | 8000 | 4.39 |

### 2. 区间增量减量（阶梯式增量减量）

为了提高交易效率，增加交易利润，可以用区间增量减量的方法设定交易数量。如当一只股票每股价格对应的股息率在3%～4%时，每次买入6000股，卖出8000股；当股价对应的股息率在4%～5%时，每次买入卖出都是8000股；当股价对应的股息率在5%～6%时，每次买入8000股，卖出6000股。也可以根据股价不同的价位划分区间增量减量的价格区间，比如一只交易价格区间为15～25元的股票，当股价在15～18元时，多买少卖，每一次买入6000股，卖出4000股；当股价在18～22元时，买入卖出数量相同，是5000股；当股价在22～25元时，少买多卖，每一次买入4000股，卖出6000股。区间增量减量与等量逐次交易相比，资金使用效率有所提高，所需的资金会更多一些，赢利能力更强一些，这也是我用得比较多的方法。

### 3. 逐次增量减量（宝塔式下注）

这种方法的操作方式为：如第一次买入5000股，以后逐次增加买入数量，第二次买入6000股、第三次买入7000股……第一次卖出5000股，以后逐次增加卖出，第二次卖出6000股、第三次卖出7000股……这种方法也称为宝塔式卖出法。跌得越多，买入越多；涨得越多，卖得越多。这种方法的资金使用效率和赢利能力，比前面两种都高一些。一般来说，在逐次买入时采用正宝塔，越买越多，如：第一次5000股，第二次6000股，第三次7000股……以此类推；卖出则是倒宝塔，第一次5000股，第二次6000股，第三次7000股……越卖越多。宝塔式交易意味着下跌越多，股价越低，买入也就越多；上涨越多，股价越高，卖出也就越多。宝塔式交易资金使用效力比均注法和区间增量减量更高，但需要的资金和筹码更多，风险更大，只有在股价明显偏低时，我才会用这个方法逐次买入；在股价明显偏高时，我才会用这个方法逐次卖出。

### 4. 交易数量逐次加倍（倍注法）

交易数量逐次加倍就是在买入时，买入的数量逐次加倍；反之，在卖出时，卖出数量也逐次加倍，如：第一次买入5000股，以后逐次加倍买入，依次买入10000股、20000股、40000股……卖出也是如此，第一次卖出5000股，接下来卖出数量为10000股、20000股、40000股……用这种方法做逐次交易，可以大幅度提高资金使用效率，做对了交易收益率会十分可观，但这种方法赌性太大，风险太大，不可轻易使用。在逐次交易中，我从来没有用过倍注法，我想只有在两种情况下方可使用这种方法。一种是在卖出过程中，股价过高，交易者想快速卖出全部股票，可以尝试用此方法，大不了全部卖出后股价继续上涨，少赚而已；另一种是在买入过程中，股价非常便宜，希望尽快买入一定数量的仓位，也可以用此方法。

### 5. 看准了，下大注

"看准了，下大注"是很多富人取得成功的奥秘所在。如果市场上真的出现了非常优秀的股票股价极其便宜的投资机会，就应大胆地撒开逐次买入的交易方法，改用一次性买入，就像巴菲特在 2010 年给股东的信中写的那样："好机会不常来。天上掉馅饼时，请用水桶去接，而不是用顶针。"在南加州大学马歇尔商学院的一次演讲中，查理·芒格曾讲道："明智的投资者会抓住时机大笔投资。收益率高的时候，他们大量投注。否则，他们就不会投注，就是这么简单。"巴菲特在 20 世纪 60 年代写给合作伙伴的信函中说："如果我们的理性预测有极大的可能是正确的，且公司的实际价值不大可能会被改变，我们就可以将资金净值的 40% 投入那个公司。当然，我们只有在特别罕见的情形下才会动用全部资产的 40%。正因为罕见，当我们发现后，就要集中力量下大注。在我们公司的历史上可能只有五六次拿出超过全部资产的 25% 去投资的情况。每一次都要保证有特别出色的表现。"在风云变幻的股市，我们应该做好准备，一旦出现千载难逢的投资机会，就应该看准了，下大注。

设定交易数量，是仓位控制和资金管理的需要，也是风险控制的需要。如果每一次交易的数量太多，则交易者持有的股票和资金难以覆盖交易的价格区间，在股价连续下跌时没有钱可以继续买入越来越便宜的股票，在股价连续上涨时没有股票可以卖出，无法卖在股价的相对高点；如果每一次交易的数量太少，则不符合投资收益最大化原则，浪费交易机会。这就要求，在逐次交易中，每一次交易都应保持适当的交易数量。

交易数量的设定与投资者拥有的资金数量有关。资金比较宽裕，每一次交易量自然就可以相应增加；资金总量小，每一次交易量就会相应减少，否则，同样数量的资金就无法覆盖逐次交易的价格区间。交易数量与投资者交易的股票价格水平有关。在资金总量和交易价差不变的情况下，每一股股价高，每一次交易数量相应会比较少；股价比较低，每一次的交易股票数量相对会比较多。在逐次交易中，交易者要根据自己交易的股票价格和计划安排的资金数量来设定每一次的交易数量。如你交易的股票股价在 20 元左右，计划安排 400 万元资金，总共可以买入 20 万股，如每一次买入 5000 股，可以买入 40 次，如同向交易价差设为 0.2 元，可以覆盖16 ~ 24 元的涨跌空间。

交易数量与交易价差相关。同一只股票，同样数量的资金，在同一个价格区间里进行逐次交易，既可以用交易价差调整资金使用量，也可以用交易数量来调整资金使用量。

在逐次交易中，合理的投资逻辑是价格越低买得越多，价格越高卖得越多，只有这样，才能提高资金使用效率，增加投资利润。但在实际操作时，往往是随着股价不断下跌，越买股票越多，手里的资金越少，越不敢缩小买入的交易价差和增加买入数量；相反，随着股价不断上涨，越卖手里的股票越少，越舍不得卖出，卖出数量往往会越卖越少。这样的情况在我自己的交易中一再出现，一次次错过了低价大量买入和高价大量卖出的机会。我每一次都告诫自己，下一次机会来了，一定要越买越多，一定要越卖越多，但是真正的下次机会来了，还是手软，还是不敢按投资逻辑来调整交易价差和交易数量。在实际操作中往往不由自主地形成两头交易少，中间交易多的交易数量分布。道理是道理，行动是行动，道理容易明白，但做起来往往就不是那么一回事了，所谓大道至简，知易行难。也许只能通过无数次实盘交易的磨炼，才可以气定神闲、从容不迫地按投资逻辑进行交易。

# |第七章|
# 实盘交易操作流程

到战壕中去，将原则付诸行动。

——弗雷德里克·马丁、尼克·汉森等著
《怎样评估成长股的内在价值》

选定了交易标的，确定好交易的价格区间，设定了每一次交易的交易价差和交易数量，并做好了资金安排，接下来就可以到战壕中去，用真金白银进行实盘交易了。按交易的逻辑顺序，可以将逐次交易的操作流程分述为以下几步。

## 一、制订交易计划

先计划，再行动。一个切实可行的交易计划是投资成功的基石。

实盘交易开始前，一定要先制订交易计划，然后按交易规则和交易计划进行交易，切不可在无交易计划，无充分准备的情况下贸然入市。《孙子兵法》云："夫未战而庙算胜者，得算多也；未战而庙算不胜者，得算少也。多算胜，少算不胜，而况于无算乎！"股场如战场，每一次交易前，都应仔细筹划，认真准备。《交易心理分析的》作者马克·道格拉斯说："当我们没有做好计划就交易时，会面对无限的变数，很容易就把交易变成了我们的喜好。"

交易计划应合理可行，应具有完整性，包括准备使用的资金数量、交易标的、交易的价格区间、每一次交易的交易价差和交易数量以及在什么情况下停止交易，还应该包括交易中股价大幅度下跌怎么办，大幅度上涨怎么办，遇到各种意料之外的情况如何应对，等等。交易过程中的每一个环节都应纳入交易计划。交易有点像高手对弈，走第一步时就想好了以后的几步、十几步、几十步。交易计划可以减少交易的随意性，让每一次交易都成为认真研究、深思熟虑后的行动，而不是在市场无序波动中临时起意、随心所欲的交易。

交易计划最好形成文字，让它成为一个书面计划，而不仅仅是交易者脑子里隐隐约约的一些想法。书面计划更方便执行，更有约束力。制订交易计划的过程，是认真研究、反复推敲的过程，通过做交易计划，将研究结果形成文字，方便日后总结经验教训，不断提高交易水平。

交易计划一经确定就要认真执行，在交易中依规则、按计划，有条不紊、从容不迫地进行交易，没有充分的理由，不要轻易改变自己的交易计划。

下面是 2013 年年初，我以浦发银行股票为交易标的所做的逐次交易计划。那时之所以选择浦发银行作为交易标的，是因为当时上市的 16 只银行股中，浦发银行分红率和股息率最高，每股收益率、市净率、净资产收益率等指标均符合我的选股标准，且流动性好，成交额大，振幅也比较大。交易计划确定该股逐次交易的价格区间为 9 ~ 18 元。因为 2013 年年初，浦发银行每股股价在 10 元上下波动，对应上一年每股股息 0.55 元，每股收益 1.83 元，股息率为 5.5%，收益率为 18%，用简单公式计算，交易的价格区间上沿为 18.32 元（0.55÷3%+1.83÷10%）÷2；下沿为 9.16 元（0.55÷6%+1.83÷20%）÷2；价格区间中线为 13.5 元。最后确定在该股股价 9 ~ 18 元做逐次交易。

设定逐次交易的同向交易价差为 0.1 元，即上一次买入与下一次买入之间的价差为 0.1 元；上一次卖出与下一次的卖出之间的价差也是 0.1 元。

设定每一次反向交易价差为 0.35 元，即股价反转后上涨 0.35 元，或股价反转后下跌 0.35 元，开始做反向交易。

用等量法设定每一次交易的数量，每一次交易都买入或卖出同样数量的股票，数量均为 5000 股。

当股价上涨超过价格区间上沿 18 元就卖出离场；当股价下跌跌破价格区间下沿 9 元，就只买不卖，直到计划使用的资金全部用完，然后等待股价回升到 9 元以上时，再恢复逐次卖出。后来，在实盘交易中，我按这个交易计划交易了差不多 4 年时间。

## 二、买入建仓，同时持有股票和资金

做好交易计划后，就可以着手将逐次交易规则和交易计划付诸实际行动了。实盘交易的第一步，就是要先买入部分股票，建立底仓，让自己的证券账户中同时持有股票和现金，这样才能做双向的逐次交易，才能在股价下跌时逐次买入，在股价上涨时逐次卖出。同时持有股票和资金，就可以在股价波幅较大的交易日实现既有买入也有卖出，也就是人们说的 T+0 交易。买入建仓是逐次交易的开端，万事开头难，如果首次买入价格偏高，后面的交易就比较被动；如果首次买入价格相对便宜，买入比例也大体合适，这个头开好了，以后的交易就会比较顺畅。在买入建仓这个环节，需要把握两点：首次买入的价格和数量。

## 1. 首次买入价格

首次买入价格很难把握，买入过早，买入价格偏高，买入后股价可能会继续下跌，甚至会大幅度下跌，已买入的股票会形成浮亏，剩余的资金可能无法覆盖价格区间下沿。买入过晚，还没有买够计划买入的股票数量，股价就调头上涨，就会错过买入建仓的时机，已买入持有的股票数量无法覆盖交易价格区间的上沿。这种买早了或买晚了的遗憾是交易者常会遇到的，就连巴菲特这样的投资大师有时也不能很好地把握买点，他曾说："2008 年，我出手早了，过早地投入了大量资金。回过头来看，我们在时机选择上还可以做得更好，可惜我们从来不知道如何准确地择时。"

这种买早了、买入价格过高的遗憾很难避免。记得 2011 年，当浦发银行每股价格在 13 元上下浮动时，我已关注这只股票一段时间了。鉴于浦发银行 2008 年 1 月 11 日股价曾高达每股 61.97 元，之后几年经分红及 3 次送股，到 2011 年，复权后在 61.97 元买入的成本仍然高达 35 元，从 35 元跌到 13 元左右，实际跌幅已将近 65%，这时候我觉得浦发银行股价已经比较便宜了，遂以每股 12.5 元左右的价格买入建仓，不料买入后股价持续下跌，到 2012 年 9 月 27 日，最低跌到每股 7.1 元，与我的初始买入价格相比跌幅达 40% 左右，与几年前的最高价格比，下跌幅度更是高达 88.5%。这时我买的浦发银行股票出现较大亏损，后来用很长一段时间做逐次交易，才扭亏为盈。买入过晚也不行，有时候刚开始买，还没有买够计划买入的股票数量，股价就上涨了。买入过晚有可能错失买入建仓的时机。

对于如何把握买入时机和买入价格，罗斯柴尔德说："当市场哀鸿遍野，买入的时机就到了。"巴菲特则认为，股灾是上帝送给价值投资者最好的礼物，他说："当别人贪婪的时候我们要恐惧，当别人恐惧的时候我们要贪婪。"听起来他们说得都不错，但市场哀鸿遍野的情况并不常见，股灾不常有，大多数时间，股价总是不温不火、波澜不惊，何况真到了市场哀鸿遍野、人皆恐惧的时候，我们也会不由自主地恐惧。谁都想买在最低点，卖在最高点，这个愿望很难实现，何处是最低点，何处是最高点，往往是事后才知道。查尔斯·道在 1902 年的专栏中写道："市场的峰值和底值出现之后，人们才清楚到底何时是最高点，何时是最低点。人们有时去猜测峰值和底值的到来，但这些猜测没有什么实际价值。"所以，在逐次交易买入建仓时这个环节，不必苛求自己一定要买在最低点。在逐次交易中，首次买入的方法是：当股价在交易者确定的逐次交易的价格区间中线和中线以下时，开始买入。一般来说，股息率 4.5% 左右、收益率 15% 左右对应的股票价格，可以作为逐次交易价格区间的中线。

以兴业银行为例，2019 年 12 月，兴业银行股价在每股 19.8 元上下波动，当时我做的交易计划确定以 16 ~ 22 元作为该股逐次交易的价格区间，并以 19.5 元作为价格区间的中线。实盘交易时，我就是按这个价格买入建仓的。后来到 2021 年 2 月股价最高涨到 28.07 元，可惜首次买入数量不够多，交易的价格区间上沿定得也比较低，在 2020 年股价 22 元时就卖完了。

如果股价高于我们确定的价格区间中线，不符合开始买入建仓的价格要求，这时候不妨做一个旁观者，在场外耐心等待。耐心是一种美德，等待是一种智慧，在这方面，巴菲特是一个很好的榜样。1969 年 9 月，由于股市太热，股价普遍过高，找不到合适的投资标的，巴菲特毅然退出股市，然后一直持有现金，等待估值过高的股市下跌。连他自己也没有想到，这一等就是 5 年，直到 1974 年 10 月，股市暴跌，标普 500 指数腰斩，最低跌至 60 点。就像发生火灾一样，所有人都想赶快逃离，纷纷不计成本，低价抛售。等了那么久，终于到了出手的时机，巴菲特从容不迫地出手，大量买入物美价廉的股票。巴菲特在接受《福布斯》记者访问时说："我觉得我就像一个非常好色的小伙子来到了女儿国。投资的时候到了。"可口可乐是巴菲特非常看好的一只股票，在很长一段时间里巴菲特总是感觉可口可乐股价太高，为了等到一个合适的买入价格，他等了很多年才等到买入机会。巴菲特给予我们的启示是：股价高高在上的时间可能很漫长，等待市场恢复理性也许要很长一段时间，其间要淡定，要有耐心，为了等到自己期望的价格，等上一段时间是很有必要的。为了避免等待时间过长，投资者可以准备几只备选交易股票，形成一个 10 ～ 20 只股票的小股票池，同时关注这些股票的价格，一旦其中的某只股票股价达到我们买入建仓的价格要求，就可以出手了。

### 2. 首次买入建仓的数量

首次买入时除了价格重要，买入数量、建仓比例也很重要。第一次买入买多少合适，没有一定之规，但基本思路是不能太多，也不能太少。建仓买入数量太少，股票仓位与资金数量不成比例，无法形成手里既有股票又有资金的布局，持有的股票不能覆盖价格区间的上沿，股票价格稍有上涨，就会卖完股票，无法继续逐次卖出；买入建仓数量过多，风险较大，如果股票价格持续大幅下跌，手里留下的资金不能覆盖价格区间下沿，只能眼睁睁地看着股票价格下跌，没有足够的资金继续逐次买入。

初始买入建仓的比例，可以控制在 20% ～ 50%，一般不要超过 50%。如果碰到交易标的股价大幅度下跌，远低于交易的价格区间中线，股价明显偏低，安全边际足够大，首次买入时可以用 50% 的资金买入股票。一般来说，当你准备买入的股票股息率高于 6%，收益率高于 20% 的时候，就是股价明显偏低的时候。

如果股价虽在交易的价格区间中线以下，但股价不算太贵，也不算太便宜，首次买入时可以买 20% ~ 40% 的股票。一般来说，股息率 4.5% 左右，收益率 15% 左右对应的股价，应属不太便宜也不算太贵的情况。

股价虽不算便宜，比如一只股票，其股价对应的股息率是 3%，收益率是 10%，但这时投资者账户中股票仓位比较轻，同时又比较看好这只股票，可以先尝试少量买入，比如先买 10% 左右，然后在股价下跌时逐次买入，通过逐次买入的方式完成建仓。

首次买入一定数量的股票后，交易者的证券账户中就会同时持有股票和资金，这是双向逐次交易的一个基本条件。同时持有股票和资金，就可以开始做双向的逐次交易了。在接下来的交易中，可以将逐次交易的操作流程分为盘前、盘中、盘后三个部分。

# 三、盘前，双向委托

逐次交易的交易委托单有两个特点：一是需要同时下买入、卖出两个方向的交易委托单；二是委托单数量多，每个交易日需要下的交易委托单会有十几个甚至几十个。这两个特点决定逐次交易的交易委托单最好在开盘前下，如果股市开盘后，在交易进行中下单，难免会手忙脚乱。在交易开始前预先下委托单，时间宽裕，可以从容不迫地操作。下完委托单后，还可以从头到尾仔细检查，看自己下好的委托单有无错漏，发现问题要及时修改。如果在交易进行中下单，鼠标一点就可能木已成舟，即便是委托单有误，也来不及纠错。我曾多次在交易中下错交易委托单，比如搞反了交易方向，输错了交易数量，甚至是输错了交易价格，等等。后来改在开盘前下交易委托单，出现失误的情况就很少有了。

逐次交易是按交易规则和交易计划进行的，几乎是一种傻瓜式操作，交易者不需要考虑开盘后股价是上涨还是下跌，不必看着起伏不定的价格曲线临场决策，完全有条件提前下好交易委托单。在开盘后的交易中下单，容易受股价波动的影响，有时会在恐惧和贪婪的驱动下做出错误的决定，预先下委托单则可以减少交易中临机决断产生的焦虑和纠结。

提前下委托单，还可以应对集合竞价时可能出现的股价大幅波动，抓住集合竞价时出现的交易机会。有时集合竞价的成交价和开盘价就是当天的最高价或最低价。如果在开盘后交易中下委托单，就会错过集合竞价和开盘价可能出现的交易机会。

盘前下交易委托单的时间，可以是交易日当天上午9点15分前，也可以是交易日前一天晚上10点以后，也就是说交易日当天的交易委托单，可以在交易日的前一天晚上下，即所谓的隔夜委托。有的证券公司在交易日前一天晚上10点以后就可以下委托单了，有的证券公司可能更晚一点，具体时间可以询问自己开户的证券公司，或者用自己的账户试一下。我的习惯是在交易日前一个晚上10点后下单，晚上下单比早上时间更宽裕，操作可以更从容。如当晚有事耽搁了，还可以改为第二天早上开盘前下单。

逐次交易的交易委托单一定是双向的，即同时下买入委托单和卖出委托单。下面是我在2016年11月24日晚，为第二天上汽集团股票逐次交易，预先下好的双向交易委托单。

| 股票名称 | 交易方向 | 委托数量（股） | 委托价格（元） | 委托时间 | 成交价格（元） |
|---|---|---|---|---|---|
| 上汽集团 | 买入 | 5000 | 23.48 | | |
| 上汽集团 | 买入 | 5000 | 23.58 | | |
| 上汽集团 | 买入 | 5000 | 23.68 | | |
| 上汽集团 | 买入 | 5000 | 23.78 | | |
| 上汽集团 | 买入 | 5000 | 23.88 | | |
| 上汽集团 | 买入 | 5000 | 23.98 | | |

| | | | | |
|---|---|---|---|---|
| 上汽集团 | 买入 | 5000 | 24.08 | |
| 上汽集团 | 买入 | 5000 | 24.18 | |
| 上汽集团 | 买入 | 5000 | 24.28 | |
| 上汽集团 | 买入 | 5000 | 24.38 | 2016/11/24 |
| | | | | |
| 上汽集团 | 卖出 | 5000 | 25.78 | |
| 上汽集团 | 卖出 | 5000 | 25.68 | |
| 上汽集团 | 卖出 | 5000 | 25.58 | |
| 上汽集团 | 卖出 | 5000 | 25.48 | |
| 上汽集团 | 卖出 | 5000 | 25.38 | |
| 上汽集团 | 卖出 | 5000 | 25.28 | |
| 上汽集团 | 卖出 | 5000 | 25.18 | |
| 上汽集团 | 卖出 | 5000 | 25.08 | |
| 上汽集团 | 卖出 | 5000 | 24.98 | |
| 上汽集团 | 卖出 | 5000 | 24.88 | 2016/11/24 |

其中，逐次买入委托单10个，入委托价由高到低依次排列，从第一个24.38元，到最后一个23.48元，每下跌0.1元，买入一次，越买价格越低；逐次卖出委托单也是10个，卖出委托价由低到高依次排列，从第一个24.88元，到最后一个25.78元，每上涨0.1元，卖出一次，越卖价格越高。

再看2019年1月12日（星期日）晚，我为13日兴业银行股票交易预先下的逐次交易委托单。

| 股票名称 | 交易方向 | 委托数量（股） | 委托价格（元） | 委托时间 | 成交时间 |
|---|---|---|---|---|---|
| 兴业银行 | 买入 | 6000 | 18.95 | | |
| 兴业银行 | 买入 | 6000 | 19.05 | | |
| 兴业银行 | 买入 | 6000 | 19.15 | | |
| 兴业银行 | 买入 | 6000 | 19.25 | | |
| 兴业银行 | 买入 | 6000 | 19.35 | | |
| 兴业银行 | 买入 | 6000 | 19.45 | | |
| 兴业银行 | 买入 | 6000 | 19.55 | | |
| 兴业银行 | 买入 | 6000 | 19.65 | 2020/01/12 | |
| | | | | | |
| 兴业银行 | 卖出 | 6000 | 20.85 | | |
| 兴业银行 | 卖出 | 6000 | 20.75 | | |
| 兴业银行 | 卖出 | 6000 | 20.65 | | |
| 兴业银行 | 卖出 | 6000 | 20.55 | | |
| 兴业银行 | 卖出 | 6000 | 20.45 | | |
| 兴业银行 | 卖出 | 6000 | 20.35 | | |
| 兴业银行 | 卖出 | 6000 | 20.25 | | |
| 兴业银行 | 卖出 | 6000 | 20.15 | 2020/01/12 | |

其中，逐次买入委托单 8 个，买入委托价由高到低依次排列，从第一个 19.65 元，到最后一个 18.95 元，每下跌 0.1 元，买入一次，越买股价越低；逐次卖出委托单也是 8 个，卖出委托价由低到高依次排列，从第一个 20.15 元，到最后一个 20.85 元，每上涨 0.1 元，卖出一次，越卖价格越高。

在开盘前同时下买入、卖出两个方向的交易委托单，是因为我们不知道开盘后股价是上涨还是下跌，更不知道下跌可以跌多少，上涨可以涨多少，开盘后股价的运行方向谁也猜不出。有时候你感觉明天股价可能会下跌，可是第二天股价却涨了；你感觉股价可能会上涨，开盘后股价偏偏跌了。有时候在毫无征兆的情况下，股价会大幅下跌或大幅上涨。两面下单、双向委托就是做两手准备，如果股价下跌达到一定的幅度，买入委托单就会成交；如果股价上涨达到一定幅度，卖出委托单就会成交。买入成交，可以增加持股数量，降低持有成本，为以后可能出现的卖出机会储备股票；卖出成交，可以兑现利润，增加现金储备，为以后出现的买入机会储备资金。无论股价上涨还是下跌，都可以接受，涨固可喜，跌亦欣然。

双向委托、两面下单，我们就不会在股价上下波动时成为被动的旁观者，白白浪费时间，而是捕捉股价波动中瞬间出现的那些微小的获利机会，利用这样的机会赚钱。股价大幅波动更是双向逐次交易的好时机。在逐次交易中，不管股价如何波动，即便是在2015年、2016年千股涨停、千股跌停，大盘熔断时，我仍坚持按逐次交易规则做双向逐次交易。逐次交易可以让我们比较轻松地跟着股价变化的曲线走。有人说索罗斯是走在曲线前面的人，我们没有能力走在股市曲线的前面，但我们可以用双向逐次交易的方法追着曲线走，这也是令人惬意的事情。

逐次交易的一个特点是需要下的交易委托单数量较多，如一个交易者同时交易两三只股票，在每个交易日交易开始前，需要下十几个甚至几十个交易委托单。因为我们不知道开盘后股价下跌会跌多少，上涨会涨多少，只好多下委托单，尽量让自己的委托单可以覆盖当天的最高价和最低价。如果下的交易委托单太少，当日盘中交易时，股价下跌可能会低于最低委托价，股价上涨可能会超过最高委托价，我们就有可能错过瞬间出现的买入或卖出机会。这种委托单不能覆盖当日最高价和最低价的情况，在我的交易中出现过很多次，股价的波动总是会出人意料。

提前下好一连串双向逐次交易委托单后，就可以静待股市开盘了。就像撒网捕鱼，提前下好渔网，坐等鱼儿入网。

## 四、盘中，反向交易

交易开始后，股价下跌达到一定幅度，预先下的买入委托单有可能会成交；反之，股价上涨达到一定幅度，预先下的卖出委托单有可能会成交。如果股价振幅较大，则买入委托单和卖出委托单都可能会成交。如盘前委托单有成交，交易者需对应已成交股票的成交价，下反向交易委托单。反向交易的规则是以买定卖，以卖定买，即根据前一次成交的买入价，增加一定的价差后反向卖出；根据前一次成交的卖出价，减少一定的价差后反向买入，每一笔反向交易委托价都对应着前一笔交易的成交价。

下表是 2016 年 11 月 25 日，上汽集团股票双向逐次交易委托单成交情况。

| 股票名称 | 交易方向 | 委托数量（股） | 委托价格（元） | 成交价格（元） | 成交日期 | 委托时间 |
|---|---|---|---|---|---|---|
| 上汽集团 | 买入 | 5000 | 23.48 | | | |
| 上汽集团 | 买入 | 5000 | 23.58 | | | |
| 上汽集团 | 买入 | 5000 | 23.68 | | | |
| 上汽集团 | 买入 | 5000 | 23.78 | | | |
| 上汽集团 | 买入 | 5000 | 23.88 | | | |
| 上汽集团 | 买入 | 5000 | 23.98 | | | |
| 上汽集团 | 买入 | 5000 | 24.08 | | | |
| 上汽集团 | 买入 | 5000 | 24.18 | | | |
| 上汽集团 | 买入 | 5000 | 24.28 | | | |
| 上汽集团 | 买入 | 5000 | 24.38 | | | |

| 上汽集团 | 卖出 | 5000 | 25.78 | | | |
|---|---|---|---|---|---|---|
| 上汽集团 | 卖出 | 5000 | 25.68 | | | |
| 上汽集团 | 卖出 | 5000 | 25.58 | | | |
| 上汽集团 | 卖出 | 5000 | 25.48 | | | |
| 上汽集团 | 卖出 | 5000 | 25.38 | | | |
| 上汽集团 | 卖出 | 5000 | 25.28 | 25.28 | | |
| 上汽集团 | 卖出 | 5000 | 25.18 | 25.18 | | |
| 上汽集团 | 卖出 | 5000 | 25.08 | 25.08 | | |
| 上汽集团 | 卖出 | 5000 | 24.98 | 24.98 | | |
| 上汽集团 | 卖出 | 5000 | 24.88 | 24.88 | 2016/11/25 | 2016/11/24 |

　　11 月 25 日开盘后，上汽集团股价大幅上涨，买入委托单无一成交，卖出委托单有 5 个成交，对应已成交的交易委托单，应及时做反向交易，在已成交的卖出委托单成交价上各减少 0.4 元，输入反向交易的买入委托单 5 个（用粗体字显示）。输入反向交易委托单后，逐次交易委托单显示如下。

| 股票名称 | 交易方向 | 委托数量（股） | 委托价格（元） | 成交价格（元） | 成交日期 | 委托时间 |
|---|---|---|---|---|---|---|
| 上汽集团 | 买入 | 5000 | 23.48 | | | |
| 上汽集团 | 买入 | 5000 | 23.58 | | | |
| 上汽集团 | 买入 | 5000 | 23.68 | | | |
| 上汽集团 | 买入 | 5000 | 23.78 | | | |
| 上汽集团 | 买入 | 5000 | 23.88 | | | |

| 上汽集团 | 买入 | 5000 | 23.98 | | | |
|---|---|---|---|---|---|---|
| 上汽集团 | 买入 | 5000 | 24.08 | | | |
| 上汽集团 | 买入 | 5000 | 24.18 | | | |
| 上汽集团 | 买入 | 5000 | 24.28 | | | |
| 上汽集团 | 买入 | 5000 | 24.38 | | | |
| | | | | | | |
| 上汽集团 | 卖出 | 5000 | 25.78 | | | |
| 上汽集团 | 卖出 | 5000 | 25.68 | | | |
| 上汽集团 | 卖出 | 5000 | 25.58 | | | |
| 上汽集团 | 卖出 | 5000 | 25.48 | | | |
| 上汽集团 | 卖出 | 5000 | 25.38 | | | |
| 上汽集团 | 卖出 | 5000 | 25.28 | 25.28 | | |
| 上汽集团 | 卖出 | 5000 | 25.18 | 25.18 | | |
| 上汽集团 | 卖出 | 5000 | 25.08 | 25.08 | | |
| 上汽集团 | 卖出 | 5000 | 24.98 | 24.98 | | |
| 上汽集团 | 卖出 | 5000 | 24.88 | 24.88 | 2016/11/25 | 2016/11/24 |
| | | | | | | |
| 上汽集团 | 买入 | 5000 | 24.48 | | | |
| 上汽集团 | 买入 | 5000 | 24.58 | | | |
| 上汽集团 | 买入 | 5000 | 24.68 | | | |
| 上汽集团 | 买入 | 5000 | 24.78 | | | |
| 上汽集团 | 买入 | 5000 | 24.88 | | 2016/11/25 | |

到当日收盘，反向交易无一成交。

11月26日、27日是周末休市，28日承接25日的卖出价，继续做反

向交易，输入 24.88 元、24.78 元、24.68 元、24.58 元、24.48 元 5 个反向
交易买入委托单（用粗体字显示）见下表。

| 股票名称 | 交易方向 | 委托数量（股） | 委托价格（元） | 成交价格（元） | 委托日期 | 成交时间 |
|---|---|---|---|---|---|---|
| 上汽集团 | 买入 | 5000 | 24.08 | 24.08 | | |
| 上汽集团 | 买入 | 5000 | 24.18 | 24.18 | | |
| 上汽集团 | 买入 | 5000 | 24.28 | 24.28 | | |
| 上汽集团 | 买入 | 5000 | 24.38 | 24.38 | | |
| 上汽集团 | 买入 | 5000 | 24.48 | 24.48 | | |
| **上汽集团** | **买入** | **5000** | **24.58** | **24.58** | | |
| **上汽集团** | **买入** | **5000** | **24.68** | **24.68** | | |
| **上汽集团** | **买入** | **5000** | **24.78** | **24.78** | | |
| **上汽集团** | **买入** | **5000** | **24.88** | **24.88** | **2016/11/28** | |
| | | | | | | |
| 上汽集团 | 卖出 | 5000 | 26.38 | | | |
| 上汽集团 | 卖出 | 5000 | 26.28 | | | |
| 上汽集团 | 卖出 | 5000 | 26.18 | | | |
| 上汽集团 | 卖出 | 5000 | 26.08 | | | |
| 上汽集团 | 卖出 | 5000 | 25.98 | | | |
| 上汽集团 | 卖出 | 5000 | 25.88 | | | |
| 上汽集团 | 卖出 | 5000 | 25.78 | | | |
| 上汽集团 | 卖出 | 5000 | 25.68 | | | |
| 上汽集团 | 卖出 | 5000 | 25.58 | | | |
| 上汽集团 | 卖出 | 5000 | 25.48 | | 2016/11/27 | 2016/11/28 |

28 日开盘后，上汽集团股价大幅下跌，当日最低价 23.57 元，最高价 25.1 元，提前下的 9 个买入委托单全部成交，其中，上一交易日卖出的 5 个委托单全部反向买了回来。

在盘中交易时，交易者不仅需要及时下反向交易委托单，还要根据成交情况补充下同向交易委托单。如上表中提前下的买入委托单已全部用完，交易者应在盘中补充若干买入委托单，让自己的买入委托单可以覆盖当日股票最低价。

下面是 2020 年 1 月 13 日兴业银行双向委托成交情况。

| 股票名称 | 交易方向 | 委托数量（股） | 委托价格（元） | 成交价格（元） | 委托日期 | 成交时间 |
|---|---|---|---|---|---|---|
| 兴业银行 | 买入 | 6000 | 18.95 | | | |
| 兴业银行 | 买入 | 6000 | 19.05 | | | |
| 兴业银行 | 买入 | 6000 | 19.15 | | | |
| 兴业银行 | 买入 | 6000 | 19.25 | | | |
| 兴业银行 | 买入 | 6000 | 19.35 | | | |
| 兴业银行 | 买入 | 6000 | 19.45 | | | |
| 兴业银行 | 买入 | 6000 | 19.55 | 19.55 | | |
| 兴业银行 | 买入 | 6000 | 19.65 | 19.65 | 2020/11/30 | |
| | | | | | | |
| 兴业银行 | 卖出 | 6000 | 20.85 | | | |
| 兴业银行 | 卖出 | 6000 | 20.75 | | | |
| 兴业银行 | 卖出 | 6000 | 20.65 | | | |
| 兴业银行 | 卖出 | 6000 | 20.55 | | | |
| 兴业银行 | 卖出 | 6000 | 20.45 | | | |

| 兴业银行 | 卖出 | 6000 | 20.35 |
| --- | --- | --- | --- |
| 兴业银行 | 卖出 | 6000 | 20.25 |
| 兴业银行 | 卖出 | 6000 | 20.15 |

2020 年 1 月 13 日开盘后，在 9 点 30 分到 10 点之间，前一天晚上提前下好的兴业银行双向交易委托单，委托价为 19.65 元、19.55 元的两个买入委托成交，卖出委托无一成交。按反向交易规则，并承接 13 日买入委托成交价，14 日交易委托单如下。

| 股票名称 | 交易方向 | 委托数量（股） | 委托价格（元） | 成交价格（元） | 委托日期 | 成交时间 |
| --- | --- | --- | --- | --- | --- | --- |
| 兴业银行 | 买入 | 6000 | 18.95 | | | |
| 兴业银行 | 买入 | 6000 | 19.05 | | | |
| 兴业银行 | 买入 | 6000 | 19.15 | | | |
| 兴业银行 | 买入 | 6000 | 19.25 | | | |
| 兴业银行 | 买入 | 6000 | 19.35 | | | |
| 兴业银行 | 买入 | 6000 | 19.45 | | | |
| 兴业银行 | 买入 | 6000 | 19.55 | | | |
| 兴业银行 | 买入 | 6000 | 19.65 | | | |
| 兴业银行 | 卖出 | 6000 | 20.65 | | | |
| 兴业银行 | 卖出 | 6000 | 20.55 | | | |
| 兴业银行 | 卖出 | 6000 | 20.45 | | | |
| 兴业银行 | 卖出 | 6000 | 20.35 | | | |
| 兴业银行 | 卖出 | 6000 | 20.25 | | | |

| 兴业银行 | 卖出 | 6000 | 20.15 | | | |
| 兴业银行 | 卖出 | 6000 | 20.05 | | | |
| 兴业银行 | 卖出 | 6000 | 19.95 | 19.95 | 2020/01/13 | 2020/01/14 |

14 日全天，买入委托无一成交，只有卖出委托价最低的 19.95 元的委托单成交。当天这只股票的 16 个逐次交易委托单，只有一个成交。有的时候你下了一二十个委托单，一整天下来一个成交的都没有，甚至有时连续几天没有一次成交，这时候需要足够的耐心，不能怕麻烦。

盘中交易碰到股价大幅度下跌时，应坚持逐次买入不动摇。特别是当股价连续下跌时逐次买入十几次、几十次甚至更多次，在只有买入没有卖出的情况下，特别考验交易者的意志。只要股票的基本面没有改变，就应按交易规则和交易计划，坚持逐次买入，决不轻易斩仓止损，要耐心等待股价反转后出现的反向交易机会。当股价持续上涨时，一定要舍得卖。与大幅度下跌相反，有时候股价会持续上涨，在股价大幅上涨时，交易者逐次卖出的股票变多，逐次买入的股票变少，手里持有的股票越来越少，免不了会惜售，舍不得逐次卖出。在这种情况下，也要按交易规则和交易计划逐次卖出，不能舍不得卖。

在交易中，有时交易日当天就会有反向交易的机会，有时当天没有出现反向交易的机会，需要等待几天、十几天甚至更长时间，才会出现反向交易的机会，但大部分时间，等待不会太久。运气好的时候，遇到股价大幅浮动，交易日当天会出现多次反向交易的机会。如 2022 年 4 月 12 日，兴业银行股价振幅较大，最低价 21.37 元，最高价 22 元，当日就出现反向交易的机会。下面是 12 日盘中交易情况。

| 股票名称 | 交易方向 | 委托数量（股） | 委托价格（元） | 成交价格（元） | 委托日期 | 成交时间 |
|---|---|---|---|---|---|---|
| 兴业银行 | 买入 | 6000 | 20.85 | | | |
| 兴业银行 | 买入 | 6000 | 20.95 | | | |
| 兴业银行 | 买入 | 6000 | 21.05 | | | |
| 兴业银行 | 买入 | 6000 | 21.15 | | | |
| 兴业银行 | 买入 | 6000 | 21.25 | | | |
| 兴业银行 | 买入 | 6000 | 21.35 | | | |
| 兴业银行 | 买入 | 6000 | 21.45 | 121.45 | 22：30 | 9：55 |
| 兴业银行 | 买入 | 6000 | 21.55 | 121.55 | 22：30 | 9：39 |
| 兴业银行 | 卖出 | 6000 | 22.75 | | | |
| 兴业银行 | 卖出 | 6000 | 22.65 | | | |
| 兴业银行 | 卖出 | 6000 | 22.55 | | | |
| 兴业银行 | 卖出 | 6000 | 22.45 | | | |
| 兴业银行 | 卖出 | 6000 | 22.35 | | | |
| 兴业银行 | 卖出 | 6000 | 22.25 | | | |
| 兴业银行 | 卖出 | 6000 | 22.15 | | | |
| 兴业银行 | 卖出 | 6000 | 22.05 | | | |
| 兴业银行 | 卖出 | 6000 | 21.95 | 21.95 | 10：10 | 13：32 |
| 兴业银行 | 卖出 | 6000 | 21.85 | 21.85 | 10：10 | 13：24 |

当日上午开盘不久，在9点30分到10点之间，4月11日晚预先下好的21.55元、21.45元两个买入委托成交，对应这两个成交的买入单，增加

0.4 元，于当日上午 9 点 40 分左右，输入委托价为 21.85 元、22.95 元的两个反向交易卖出委托单。当日下午 1 点多，上午输入的 21.85 元、21.95 元两个反向交易卖出委托单成交，实现同一交易日内的反向交易（T+0）。

在股价振幅较大时，抓住机会做同一交易日内的反向交易（T+0），这也是普通股民的优势之一。有关法规不允许持股超过 5% 的股东随意做短线交易，如《证券法》第四十七条规定，上市公司董事、监事、高级管理人员、持有上市公司股份百分之五以上的股东，将其持有的该公司的股票在买入后六个月内卖出，或者在卖出后六个月内又买入，由此所得收益归该公司所有，公司董事会应当收回其所得收益。这一规定限制了他们做短线交易，普通股民则没有这样的限制，这也是普通投资者少有的优势。

波动是股市的常态，交易者总是会有反向交易的机会。股价不会一直上涨，也不会一直下跌，涨多了必跌，跌多了必涨，塞尔登在《逆向交易者》一书中指出："在逻辑上，每一个反转都会导致下一个反转产生，永远不会停止。"迈克尔·J. 帕森斯在《反转的魔力——一种交易现象》中感慨地说："利用反转魔力来走向安全、富有的未来。它真的很神奇！"逐次交易的利润就是从不断重复的反转交易中产生的。当股价由上涨转为下跌或由下跌转为上涨，就会出现一定差价，当反转价差达到一定的幅度，就可以做反转交易了。随着股票价格改变运行方向，逐次交易也要调转方向，由上涨过程中的逐次卖出转为下跌中的逐次买入，或由下跌过程中的逐次买入转为上涨中的逐次卖出。《赌场式交易策略》的作者理查德·L. 威斯曼认为："成功交易是一种通过重复，直至养成习惯的自我适应的艺术。"反向交易就是这种通过重复养成习惯的自我适应的交易方法。

# 五、盘后，做国债逆回购

在逐次交易中，为了保持股票与资金的动态平衡，交易者总是会持有一定比例的现金，以备股价下跌时逐次买入的需要，可以把这部分资金称为"待用资金"。这些待用资金会长时间处于等待备用的状态，这部分资金长年无法产生收益，非常可惜。如果让这部分资金离开股票账户做短期债券投资，固然可以产生一些收益，但在股价下跌逐次买入需要资金时，这些钱可能来不及回到股票账户，会影响逐次交易的正常进行。有没有办法既不影响逐次交易的资金需要，又可以产生一些收益？有一个办法，那就是用待用资金做国债逆回购。

所以，在每个交易日临近收盘时或收盘后，用当日自己股票账户中的待用资金做国债逆回购，就成为逐次交易中每个交易日都要做的一个规定动作。以前，国债逆回购只能在收盘前做，2019 年 1 月沪深交易所宣布债券质押式回购交易时间延长 30 分钟，即每日收盘时间从 15 点延至 15 点 30 分。这个规定方便交易者在收盘后用账户里的资金做逆回购。

用逐次交易中的闲置待用资金做国债逆回购有以下三个好处。

## 1. 可以增加投资收益

逆回购的收益高于同期银行活期存款利率，是一个能为投资者提高闲置资金增值能力的金融品种。通常，1 天、7 天或 14 天逆回购的年化收益率在 2% ~ 3% 之间，有时候收益会更高一些，如月末、季度末、年末，市场资金面紧张的时候收益率会更高，例如在 2013 年 9 月 27 日这天，上海证券交易所期限为 1 天的国债逆回购最高的年化收益率达到 57%，当然，这是极其个别的情况。以我自己的经验，总体上来说，国债逆回购可以让自己证券账户年复合收益率增加 1 个百分点左右，并且是确定的、无风险的收益。如果不做国债逆回购，待用资金又不离开证券账户，这部分资金几乎是没有收益的。

### 2. 安全

国债逆回购安全性高，是借钱人以国债做抵押在证券市场借钱，我们将自己的待用资金借出，没有本金损失的风险。国债逆回购的利率是固定利率，与股票交易不同，逆回购在成交之后不再承担价格波动的风险，逆回购交易在初始交易时收益的大小即已确定，因此逆回购到期日之前市场利率水平的波动与其收益无关。从这个意义上说，逆回购交易类似于抵押贷款，而且比一般的抵押贷款安全得多。国债逆回购成交额大，流通性好，每个交易日的成交额都比较大，投资者不用担心流动性问题，做逆回购的钱一定会按时回到自己的账户中。

### 3. 方便

国债逆回购的交易非常方便，就像买卖股票一样，交易者在自己的股票账户中就可以下交易委托单。逆回购回款不需要用做任何操作，一到时间，钱会自行回到交易者的股票账户里。如果是一天期的逆回购，有的证券营业部在交易日当天收市前后（15 点 30 分前）点击卖出成交，当天晚上 10 点多，逆回购的钱就会连本带利出现在交易者的股票账户中，投资者就可以用这笔钱提前下第二天的交易委托单了，一点也不误事。

国债逆回购交易法如下。

第一步，打开股票交易系统，点击"卖出"。不知道为什么是点"卖出"，而不是点"买入"，就是这么规定的，可以简单理解成你借钱给人家，所以是"卖出"交易。

第二步，输入代码，交易系统就会自动跳出不同时间的逆回购价格和可交易数量，比方说你想做上海证券交易所期限为 7 天的国债逆回购，你就在行情系统里输入 204007，你就会看到你可以卖出的价格、数量。

第三步，输入卖出数量，也就是做逆回购的资金数量，然后确认，整个交易就完成了。

国债逆回购分 1 天、2 天、3 天、4 天、7 天、14 天、28 天、91 天和 182 天 9 种期限，交易者可以根据自己交易的资金需要和不同期限的国债逆回购利率，选择合适的逆回购。当然，也可以将资金调离股市，做其他短期债券投资，如银行理财等，只是这样操作会稍麻烦些。

对于逐次交易来说，逆回购的最大好处是让我们在逐次交易时更有耐心，逐次交易中没有成交也不要紧，在没有成交的日子里，我们的资金可以做逆回购，多少还是有点收益的，聊胜于无。

## 六、三种情况下停止逐次交易

在这一章的最后说一下在什么情况下应停止逐次交易。我的做法是在以下三种情况下，部分停止或全部停止逐次交易。

**1. 当上市公司的经营状况出现了不利于投资者的重大变化，如经营状况恶化，赢利能力大幅度下降，且这种情况没有好转的趋势，应该果断卖出，不再用这只股票继续做逐次交易**

对于普通投资者来说，观察一家上市公司经营情况的最简单办法就是看其每股收益和每股股息的变化情况，如果每股收益下降，每股股息减少，就要小心了。还有一种情况，就是上市公司改变分红政策，如 2016 年浦发银行改变分红政策，由前几年全部为现金分红，改为部分送转股加部分现金分红，当年浦发银行每股转增 3 股、现金分红 0.2 元，与 2012 年至 2015 年每股现金分红 0.55 元、0.66 元、0.757 元和 0.515 元相比，跌幅较大；对应当时 16 元左右的股价，每股 0.2 元的分红，股息率已远低于 3%，已经不符合我选择逐次交易股票的标准。于是 2017 年我全部卖出浦发银行，不再用这只股票做逐次交易。一段时间里，我曾用华侨城股票做逐次交易，2022 年 3 月华侨城发布 2021 年年报，公布 2021 年分红预案每股股息 0.1 元，与前几年相比，股息大幅下降，对应当时每股股价约 7.2 元，股息率只有 1.4%。在这种情况下，我全部卖出这只股票，并停止用这只股票做逐次交易。

**2. 当股价不断上涨并超过价格区间上沿，应停止逐次买入，将高抛低吸的双向交易，转为只卖不买，或者全部卖出**

在一定的时间段里，每股股息和每股收益是相对稳定的两个数据。一般来说，交易者只有在上市公司公布年报、半年报时，才能知道每股收益、每股股息是多少。而股票价格是不稳定、随时变化的，随着股票价格上涨，每股收益和每股股息对应的股票价格越高，则每股投资收益率和股息收益率就越低；如果股价不断上涨，一只股票的投资收益率就会低于10%，股息收益率就会低于 3%，在这种情况下，应该停止逐次买入，在逐次卖出股票后，耐心持币等待股价下跌。如果股价下跌，股票价格重新回到投资收益率高于 10%，股息收益率高于 3% 的状态，再恢复逐次买入，股价不回落到自己确定的交易的价格区间决不追高买入。

在交易中，如果股价连续上涨，证券账户里的股票已全部卖完，而股价还在上涨，怎么办？有三个应对方法。第一，换一个交易标的进行逐次交易。交易者应在自己交易的股票之外，同时关注其他若干只股票，一旦自己交易的股票超过交易的价格区间，就可以考虑换股交易。第二，让资金离开股市，做其他投资，如房产、安全性好的债券等。第三，投资指数基金，可以用"交易型开放式指数基金"（简称 ETF）做逐次交易。指数基金价格也会随大盘涨跌而波动，但其风险毕竟比个股低。可以把指数基金看作一只股票。

### 3. 股价跌破价格区间的下沿，股价已低于其内在价值时，应停止逐次卖出，只买不卖

随着股价不断下跌，会出现股价低于股票内在价值的情况。此时股价对应的股票收益率和股息率就会更高，股票就更具投资价值。如果一只股票的每股股息收益率高于6%，每股收益率高于20%，那就值得长期持有，不一定非要逐次卖出了。例如，2013年6月，浦发银行股价最低至7.18元，2014年3月股价低至8.39元，分别对应上一年每股分红0.55元和0.66元，对应现金分红的股息率为7.7%和7.9%。这种情况就是比较好的买入机会。如果有这样高的投资收益率和股息收益率，为什么还要卖出呢？在这种情况下，应将双向逐次交易转为买入并持有耐心持股，等待股价上涨。如果股价反转上涨，重新进入交易者确定的价格区间后，再恢复高抛低吸逐次交易的模式。

还有一种情况——股票的基本面不错，但受市场情绪影响，股价大幅下跌，跌破了交易者确定的逐次交易的价格区间下沿，这时股价更具投资价值，但交易者已经买够了事先计划的股票数量，用完了计划安排的全部资金，而股价仍在下跌，这种情况下，从资金的整体安排和风险防范角度考虑，可以停止逐次买入，以免将过多资金集中在同一只股票上。

# |第八章|
# 逐次交易之交易实例

人的思维是否具有客观的真理性，这不是一个理论问题，而是一个实践问题。人应该在实践中证明自己思维的真理性，即自己思维的现实性和力量，自己思维的此岸性。

——卡尔·马克思

必须用实实在在的自我检查以及连续的交易证明你的判断是正确的，能够产生有价值的结果。

——本杰明·格雷厄姆

一种交易方法是否可行，是否可以在交易中长期稳定地获取利润，是否可以有效地抵御市场风险，需要经过实盘交易的检验。一种交易方法是否适合自己，也需要经过实盘交易的检验。当然，还有一种检验交易方法的方式，那就是历史数据回测。所谓历史数据回测，就是将自己的交易方法放到过去几年、十几年或更长时间的股票行情中，用相关的历史数据，检验其是否可靠，以及赢利能力如何。詹姆斯·西蒙斯就是用历史数据回测的方法测试自己将要使用的交易模式。经测试证明某个交易模式有效后，再将其用于实盘交易。用历史数据回测的方法测试自己的交易系统有两个好处：一是快，可以在比较短的时间里出结果；二是省，不用花费多少钱就可以做。但再好的历史数据回测，终不如实战测试来得踏实可靠。何况别人用过的、测试过的方法，未必适用于自己，只有自己亲自动手，通过在实盘交易中摸索、测试过的交易方法，才是真正好用的。

实践出真知，投资者需要仅仅依靠学习和思考是无法形成的一个交易方法，投资者需要长时间、反复在实盘交易中摸索，才可能形成并不断完善自己的交易方法。卡尔·马克思说："人的思维是否具有客观的真理性，这不是一个理论问题，而是一个实践问题。人应该在实践中证明自己思维的真理性，即自己思维的现实性和力量，自己思维的此岸性。"一个理论，一种认识，是否正确反映了客观实际，是不是真理，只能靠社会实践来检验，这是马克思主义认识论的一个基本原理。十来年实盘交易的反复测试证明，逐次交易是一个稳定可靠的交易系统。下面简要介绍一下我用几只股票做逐次交易的大致情况。

# 一、逐次交易之浦发银行

2011 年，当浦发银行股价在 12 元上下波动时，我开始买入浦发银行股票。起初一段时间，我用的是买入并持有的投资方法，买入以后不动。一段时间下来，发现投资收益并不理想，特别是到 2012 年 9 月，该股股价最低跌到每股 7.10 元，我在这只股票上的投资一度形成比较大的亏损。为了降低持股成本，减少亏损，我开始尝试在股价下跌时少量、多次、逐步买入；在股价上涨时少量、多次、逐步卖出，并在股价反转后，不断做反向交易。同时，我制定了一个浦发银行股票逐次交易的计划（见上一章第一节，此处从略），开始按这个交易计划做交易。

在 2013 年到 2016 年的 4 年时间里，我一直用浦发银行股票做逐次交易。4 年间，浦发银行股价最低为 2013 年 6 月的每股 7.18 元，最高为 2015 年 12 月的每股 20.12 元，特别是 2015 年、2016 两年间，股市波幅巨大，先是 2015 年股市的所谓"杠杆牛"，上证指数大幅上涨；然而好景不长，2016 年股价暴跌，出现了千股跌停、千股熔断的现象。在此期间，浦发银行股价也是大起大落。不管大盘如何变化，不管自己交易的股票价格怎样波动，我仍坚持用逐次交易的方法进行交易，即便在股价跌停时也照样按既定的交易价差和交易数量逐次买入，在股价涨停时也依然按既定的交易价差和交易数量逐次卖出。好在 2015 年、2016 年股灾时浦发银行并没有随大盘大幅下跌。这 4 年，用浦发银行做逐次交易的年复合收益率分别为 10%、57.6%、21%、9.9%，无一年亏损；而这 4 年间浦发银行股价涨跌幅分别为 –7.1%、39.8%、13%、–11%；同期上证指数涨跌幅分别为 –5%、50%、9.4%、–12%。

2017 年 3 月，浦发银行发布 2016 年年报，公布了 2016 年的分红预案：每股转增 3 股，派息 0.2 元。相比前四年每股股息 0.55 元、0.66 元、0.757、0.515 元，股息大幅降低。同时我也不认同送转股这种分红方式，决定逐步卖出浦发银行。这年 3 月以后，在盈利的情况下，我将浦发银行股票全部卖出，不再用这只股票做逐次交易。

## 二、逐次交易之上汽集团

2016 年 6 月，上汽集团股价在每股 20 元上下时，我开始买入建仓。从那时起至 2023 年年初，我一直用上汽集团股票做逐次交易。

选择上汽集团股票做逐次交易标的的理由是该股基本符合我选择股票的若干标准。当时，该股的分红率、股息率、收益率、市净率等指标，都是汽车行业中最好的。2016 年 6 月，上汽集团股价在每股 20 元上下波动。

上汽集团股息率高且稳定，2011年至2015年每股现金分红分别为0.3元、0.6元、1.2元、1.3元、1.36元，以2015年每股股息1.36元对应当时股价21元，股息率超过6%；该股收益率也比较高，2015年每股收益2.48元，对应每股股价21元，收益率为11.8%。

上汽集团有一定的"护城河"，公司总部位于中国经济中心上海，两个外资合作伙伴德国大众和美国通用，都是国际知名的汽车制造企业。上汽集团是中国汽车行业当之无愧的龙头股，其产量、销量、利润均为汽车行业第一，市场占有率在20%以上。上汽集团一心一意做汽车，主营业务和盈利模式简单，容易理解；股权结构公众化，由上海市国有企业上海汽车工业（集团）总公司持股71%，其余前10大股东有香港中央结算有限公司、中国证券金融股份有限公司、中央汇金资产管理有限责任公司等，这样的股权结构，加上海人做事仔细、认真、精明，令人安心。该股流动性比较好，大部分交易日的日成交额超过3亿元；振幅也比较大，大部分交易日里振幅达到或超过1%。

当时我确定的逐次交易的价格区间为16~28元。确定交易价格区间的计算过程为：以2015年上汽集团每股股息1.36元，每股收益2.48元，用前述计算公式，得出价格区间的上沿 [（1.36÷3%+2.48÷10%）÷2] 和价格区间的下沿 [（1.36÷6%+2.48÷20%）÷2]。经简单计算，并考虑其他因素，如汽车行业竞争激烈，上汽集团龙头地位并不稳固等，确定该股交易的价格区间下沿为16元，上沿为28元，中线为22元。以每股低于22元的价格开始买入建仓，随后进行双向逐次交易。

逐次交易中，每一次买入或卖出的同向交易价差为0.2元；每一次提前下交易委托单时，双向交易买卖价差为0.5元左右；每一次反向交易价差为0.4元（对应20元左右的股价，每次交易可以产生2%左右的毛利）；每一次交易数量为5000股，买入或卖出都是5000股；当股价上涨超过价格区间上沿28元时就卖出离场；当股价下跌跌破价格区间下沿16元时就只买不卖。

准备使用资金总数 600 万元。用完计划准备的资金后，再看情况决定停止，还是增加资金继续买入。

在 2017 年至 2023 年的 7 年间里，用该股做逐次交易的大致情况如下。

2017 年，上汽集团股价从 2016 年最后一个交易日的 22.9 元涨到 2017 年最后一个交易日的 32.04 元，全年涨幅近 40%，而上证指数全年涨幅为 6%。我用上汽集团做逐次交易，年复合收益率为 9.5%，略高于上证指数涨幅，却大幅落后于该股股价全年涨幅，其原因在于逐次交易需要保持股票和资金的动态平衡，大部分时间不能满仓持股，当股价上涨到 26 元左右时我就已卖完全部股票，只能看着股价继续上涨。这也说明，逐次交易这种交易方法，在股价上下波动的时候表现较好，在股价下跌的时候表现也比较好，但在股价大幅度上涨时表现不如买入持有的投资方法。

2018 年，上汽集团股价从 2017 年最后一个交易日的 32.04 元跌到 2018 年 12 月 28 日跌幅为收盘价为 26.67 元，全年跌幅约 16.7%，而上证指数全年跌幅为 24%，而我用逐次交易的方法交易这只股票，取得了 3.77% 的正收益。这也说明逐次交易在股价下跌时收益会高于交易标的和大盘涨跌幅。

2019 年，上汽集团股价从 2018 年最后一个交易日的收盘价 26.7 元跌到 2019 年最后一个交易日的 23.85 元，下跌 11%。我用该股做逐次交易的收益率是 9.26%，高于上汽集团股价。

2020 年，上汽集团股价从上一年 2019 年 12 月 31 日的收盘价 23.85 元涨到 2020 年最后一个交易日的收盘价 24.44 元，上涨了 2.47%，我用该股做逐次交易的收益率是 6.5%，高于上汽集团股价。

2021 年上汽集团股价从 2020 年最后一个交易日的 24.44 元跌到 2021 年 12 月 31 日收盘价 20.63 元，跌幅达 15.6%，而上证指数全年上涨

4.8%，我用上汽集团做逐次交易的收益率是 9.3%，收益率高于上汽集团股价涨跌幅近 25 个百分点，也略高于上证指数全年涨幅。这一年如果用买入持有的方法投资上汽集团，则必亏无疑。

2022 年，除继续用上汽集团做逐次交易外，从下半年起，我开始逐步减少上汽集团股票，增加中国石化股票持仓数量，并用该股票做逐次交易。全年下来，合并计算用上汽集团和中国石化做逐次交易的收益率为 –3.3%。而这一年上汽集团股价从上一年最后一个交易日的收盘价 20.63 元，跌到 2022 年 12 月 31 日的收盘价 14.41 元，跌幅达 30%，同期上证指数跌幅为 15%。

在用上汽集团股票做逐次交易的 7 年间，上汽集团股价经历了 2016 年开始买入时每股 20 元左右到 2023 年 6 月最低价每股 13.09 元的过程，其间，2018 年 3 月的股价高达每股 37.66 元。从我开始用上汽集团股票做逐次交易时的股价到最低股价，跌幅为 35%；从最高价到最低价，不计分红跌幅达 65%。即便在股价大幅下跌的情况下，除 2022 年出现亏损，其他年份用上汽集团做逐次交易都是盈利的。

近几年来，上汽集团经营状况持续变差，市场占有率从最高那一年的 24% 左右减少到目前的 20% 以下，在新能源汽车市场的占有率更小。面对汽车市场的残酷竞争，上汽集团未来堪忧，2018 年后，上汽集团每股收益每年持续下滑。2017 年是上汽集团上市以来股息最多的一年，2018 年以后，随着收益下滑，股息也逐年减少，2017 年至 2022 年每股股息分别为 1.83 元、1.26 元、0.88 元、0.62 元、0.682 元、0.337 元。鉴于上汽集团的每股收益、每股股息及收益率、股息率等关键数据已经不符合我的选股要求，2022 年末，在总体盈利的情况下，我将上汽集团股票全部卖出，不再将其作为逐次交易的交易标的。

## 三、逐次交易之中国石化

2018 年 11 月，当中国石化股价在每股 6 元上下时，我开始买入这只股票，并用其做逐次交易。中国石化的主要业务是石油的开采、销售以及相关化工产品的生产，它与中国石油、中国海油共同垄断了中国大陆的石油市场。与另两家公司相比，中国石化更注重化工业务，它是我国最大的石油制品和化工产品生产商，原油生产则位居全国第二。公司的产品主要有石油原油、天然气、化纤、化肥、橡胶、成品油等。中国石化是典型的垄断型公司，基本上不会有破产的风险。2018 年 11 月，中国石化股价从当年 2 月的 7 元多跌到 6 元上下。虽然该股股价与其收益相比，并不便宜，但考虑到中国石化的安全性，我将该股作为交易标的。

当时确定以 5 ~ 7 元作为这只股票逐次交易的价格区间，以 6 元作为价格区间中线。确定这只股票交易的价格区间的依据：2015 年至 2017 年中国石化每股股息分别是 0.15 元、0.25 元、0.5 元，每股收益分别是 0.358 元、0.488 元、0.58 元。以 2017 年每股股息 0.5 元，每股收益 0.58 元，用确定逐次交易价格区间的计算公式计算，得出交易价格区间上沿 9.8 元，下沿 5.6 元。考虑到中国石化盘子大，振幅小，在此基础上将交易价格区间调得略低一些。

设定每一次买入或卖出的同向交易价差为 0.02 元；反向交易价差为 0.1 元（对应每股 6 元左右的股价，每次反向交易，可以产生 1.5% 左右的毛利）；每一次提前下交易委托单时，双向交易买卖价差为 0.1 元左右；每一次交易数量为 8000 股，买入或卖出都是 8000 股；当股价上涨超过价格区间上沿时就卖出离场，当股价下跌跌破价格区间下沿时就只买不卖。准备使用资金总数为 500 万元。用完计划准备的 500 万元后，再看情况决定停止买入或增加资金继续买入。

2018 年 11 月开始买入，刚买入不久，中国石化股价就连续下跌，当年 12 月跌到 5.5 元左右，12 月 27 日，有消息说中国石化下属公司联合石化公司在原油套保交易中，做多石油巨亏数十亿美元，当日总市值超 6000 多亿元的中国石化跌幅达到了 6.75%，一天蒸发 460 亿元。中石化股价从上年末的 6.13 元跌到这年末的收盘价 5.05 元，全年跌幅将近 18%，我用该股做逐次交易的亏损为 8% 左右。2019 年以来中国石化股价继续下跌，特别是到 2020 年，在全球石油价格大幅度下跌的影响下，这年 11 月，中国石化股价一度跌到最低点 3.85 元，这个价格与我开始买入建仓的价格相比，跌幅达 35.8%，与 2018 年最高价 7.72 元相比，跌幅达 50%。随着该股价格大幅下跌，2019 年和 2020 年，我在这只股票的逐次交易中，最多时亏损超过 12%。

考虑到中国石化下属公司原油套保交易巨亏数十亿美元是个意外事件，中国石化的基本面、竞争优势并没有发生根本性的变化，还是具有高度垄断经营、"护城河"宽的特性，用这样的股票做逐次交易还是让人比较放心的。因此，我坚持继续用这只股票做逐次交易，到 2021 年 12 月，我已将自己在这只股票上的持股成本从开始买入的每股 6 元左右降到 4 元左右，实现扭亏为盈。中国石化经营业绩也逐渐好转，随着继续做逐次交易，利润会逐步增加。但相比损失的时间来说，前几年在这只股票上的投资是不理想的。

2022 年 3 月，中国石化发布 2021 年年报，每股收益、每股股息也大幅提高。让我们来看看这几年中国石化每股股息、每股收益的变化情况：2018 年到 2021 年，中国石化每股股息分别为 0.42 元、0.31 元、0.2 元、0.47 元，每股收益分别为 0.521 元、0.476 元、0.272 元、0.588 元。可见，到 2021 年，该股每股收益、每股股息都已恢复并略高于 2018 年的水平。2022 年 4 月 18 日，中国石化股价 4.29 元，对应 2021 年每股股息，股息率为 11%；对应每股收益，收益率为 14%。高股息率这么的股票，拿着不动仅收股息都很好。从 2018 年每股 6 元上下开始买入，不断做逐次买入、逐次卖出交易，到 2022 年末，我在这只股票上的投资已开始盈利。

## 四、逐次交易之兴业银行

2019 年 12 月，兴业银行股价在 20 元上下波动，最低 18.76 元，最高 20.25 元。在其股价 19 元左右时，我开始买入建仓，用该股做逐次交易。用兴业银行做逐次交易的理由是，该股股息率、每股收益率、市净率、净资产收益率等指标符合我的选股标准。

该股从 2014 年至 2018 年的 5 年间，每股股息分别为 0.57 元、0.61 元、0.61 元、0.65 元、0.69 元，股息分配相当稳定且不断增加，按当时 19 元上下的股价，相对 2018 年每股股息，股息率为 3.6%，略高于 2018 年招商银行 2.5% 左右的股息率。2018 年该股每股收益 2.85 元，相对每股股价 19 元，每股收益率为 15%，也比招商银行高。如果按兴业银行 2019 年度业绩快报披露的每股收益 3.1 元计，每股收益率为 16.3%。兴业银行的流动性也比较好，成交额在银行股中也是比较大的，有的交易日可以进入成交额排行榜的前 50 名。振幅也比工、农、中、建四大银行大一些。

当时确定该股交易的价格区间为：16 ~ 22 元。根据每股股息和每股收益加权平均计算的价格区间为 18.2 ~ 25.75 元。其计算过程为：以 2018 年兴业银行每股股息 0.69 元，每股收益 2.85 元，用计算公式得出价格区间的上沿为 25.75 元 [（0.69 元 ÷3%+2.85 元 ÷10%）÷2]，价格区间的下沿为 12.875 元 [（0.69 元 ÷6%+2.85 元 ÷20%）÷2]。鉴于 2018 年 1 月至 2019 年 12 月该股股价在每股 14.66—20.66 元之间波动，并考虑到 2019 年度业绩快报公告每股收益 3.1 元，比 2018 年每股收益 2.85 元增加 8.66%，确定以 16 ~ 22 元作为该股逐次交易的价格区间，并以 19.5 元作为价格区间的中线。计划在每股股价 19.5 元上下时开始买入建仓。

设定在逐次交易中每一次同向交易价差为 0.1 元，每一次反向交易价差为 0.4 元，每一次反向交易可以产生约为交易额的 2% 左右的毛利；设定每一次交易数量为 6000 股，买入或卖出都是 6000 股。按上述价格区间、每一次交易的交易价差、交易数量计算，覆盖整个交易的价格区间中线至价格区间下沿约需资金 500 万元。计算过程如下：从每股价格 19.5 元开始在下跌中逐次买入，每下跌 0.1 元买入一次，一直买到价格区间下沿每股 16 元，需买入 40 次左右，买入数量约 24 万股，平均买入价格约 18 元，则所需资金为：40 次 ×6000 股 ×18 元 =432 万元。

当股价上涨超过 3% 股息率和 10% 收益率对应的价格就卖出离场；当股价下跌跌破 6% 的股息率和 20% 收益率对应的价格时，就买入持有。股价跌破价格区间下沿时，不再追加资金。

按上述交易计划，从 2019 年 12 月开始买入建仓。随后几个月，兴业银行股价不断下跌，2020 年开年以来，兴业银行股价随大盘大幅度下跌，股价从 2019 年末的收盘价 19.8 元跌到 2020 年 3 月的最低价 14.93 元，股价低位徘徊了约 10 个月时间，到这一年年末，股价收于 20.87 元，略高于开始买入建仓的价格，全年股价上涨 5.45%，我用该股做逐次交易的收益率为 14.5%，超过该股股价涨幅 9 个多百分点。

2021 年 1 月至 2 月，兴业银行股价大幅上涨，到 2 月 26 日股价一度涨到 28.07 元，我的持股在 24 元左右就已全部卖出。3 月以后股价逐步下跌。7 月至 8 月，兴业银行第八大股东阳光控股有限公司出现财务危机，为回笼资金，通过大宗交易，以每股 17 元多的价格卖出全部持股近 5 亿股，最低一笔减持价格 16.9 元，受其影响，兴业银行股价一度跌到 17.08 元。当该股股价跌到 18 元左右时，我重新开始用该股做逐次交易。

在后来的两年里，兴业银行股价持续下跌，到 2023 年，除去现金分红，股价最低一度跌到每股 13.95 元。这个股价对应的股息率已经超过

8%，市盈率已低于 3.6，市净率低于 0.45。此外，兴业银行公司股东和管理层不断增持，也让投资者感到安心。2022 年 2 月 21 日，兴业银行发布公告：2022 年 1 月 13 日至 2 月 18 日，该行部分子公司、分行及总行部门负责人（包括其配偶、子女）以自有资金从二级市场自愿买入该行股票 1693.29 万股，成交价格区间为每股人民币 20.36 ~ 23.08 元。不久后的 2022 年 3 月 15 日，兴业银行股价大跌 6.41%，收盘价 18.85 元，远低于兴业银行领导层的买入价。如果取中间数，以每股 21.7 元计，减去2021 年每股分红 1.035 元和 2022 年每股分红 1.188 元，公司管理层自愿买入的这部分股票每股成本约 19.4 元，亏损 5 元多，亏损幅度 25% 左右。2022 年 10 月，兴业银行发布公告：2022 年 7 月 26 日至 10 月 18 日，福建省财政厅累计通过上海证券交易所交易系统以集中竞价方式增持公司股份1495.36 万股，增持金额 2.62 亿元（增持价格约为每股 17.52 元）。减去2022 年每股分红 1.188 元，这部分增持亏损约 14%。2023 年 12 月 10 日，兴业银行发布公告：2022 年 8 月 1 日至 2023 年 11 月 30 日期间，福建港口集团及其子公司通过上海证券交易所交易系统以集中竞价交易方式，累计增持该行股份近 5.59 亿股，持股比例升至 2.8%。福建港口增持这些股份所需金额约 87.7 亿元。有市场人士因此推断，福建港口增持成本在每股15.70 元左右。因此，在股价如此大跌的情况下，我仍坚持用这只股票做逐次交易。也是有赖于逐次交易，到 2023 年年底，我的持股成本已降到14 元左右，处于盈利状态。

## 五、逐次交易之华侨城

2020 年初，我开始关注华侨城股票，并准备用该股做逐次交易。华侨城股票是深圳上市较早的一只股票，其控股股东华侨城集团有限公司成立于 1985 年 11 月，总部位于深圳，是由国务院国资委管理的大型国有中央企业，国家首批文化产业示范基地，全国文化企业 30 强，中国旅游集团 20 强，连续 10 年获得国务院国资委年度业绩考核 A 级评价。该股股价 2007 年最高到每股 74 元，2014 年每股股价跌到最低 4.3 元，2015 年每股最高价达 14.78 元。

这只股票当时的股息率和收益率均符合我的选股标准。当时确定的交易价格区间为 5.5 ～ 7.5 元，以每股 6.5 元为价格区间中线。选择这只股票和确定交易价格区间的依据主要是每股股息率和每股收益率。2020 年 3 月，华侨城每股股价在 6.8 元上下波动，对应该股 2019 年每股股息 0.305 元、每股收益 1.5 元，股息率为 4.5%，收益率为 22%。该股在 2015 年至 2019 年 5 年间，每股股息分别为 0.07 元、0.1 元、0.3 元、0.3 元、0.305 元；每股收益分别为 0.64 元、0.84 元、1.05 元、1.29 元、1.5 元。在确定交易价格区间时，我也参考了华侨城向前海人寿定向增发的股票价格。2015 年，深圳前海人寿及其关联公司深圳市钜盛华公司通过定向增发，以每股 6.8 元左右的价格出资数十亿元，成为华侨城第二大股东。如果前海人寿以低于每股 6.8 元的价格卖出，将无利可图，只有股价较大幅度超过每股 6.8 元的定向增发价，前海人寿才有钱赚。

设定该股逐次交易的每一次同向交易价差为 0.1 元，每一次反向交易价差为 0.2 元；设定每一次交易数量为 8000 股。2020 年 3 月，当华侨城股价在 6.5 元左右时，开始买入，并且开始用该股做逐次交易。一年后的 2021 年 4 月，该股股价一度涨到最高 10.76 元，可惜，我的股票在 7.5 元左右时就全部卖完了，小有收获而已。大约在 2021 年 7 月，华侨城股价又跌到每股 6.5 元以下，我再次买入，继续用这只股票做逐次交易。

2022 年 4 月，华侨城发布 2021 年年报，公布 2021 年每股收益 0.47 元、每股股息 0.1 元。与前几年相比，每股股息大幅减少，2018 年至 2021 年的 4 年间，该股每股股息分别为 0.3 元、0.305 元、0.4 元、0.1 元；每股收益也大幅减少，该股 2018 年至 2021 年每股收益分别为 1.29 元、1.50 元、

1.56 元、0.87 元。随着每股收益、每股股息的减少，股息率、收益率也大幅降低。以 2021 年每股股息 0.1 元，每股收益 0.87 元，对应 2022 年 4 月每股 6 元左右的股价，股息率不到 1.7%，收益率 14.5%。这只股票已不符合我选择逐次交易标的的要求，2022 年 4 月看到该公司的 2021 年年报后，我将该股全部卖出，获利了结，不再用该股做逐次交易。到 2022 年 5 月，华侨城最低价一度跌到每股 5.43 元，为 2019 年以来的最低价。

# | 第九章 |
# 用 ETF 指数基金做逐次交易

对于绝大多数没有时间进行充分个股调研的中小投资者，成本低廉的指数基金或许是他们投资股市的最佳选择。

——沃伦·巴菲特，《2007 年致股东信》

用个股，用一只股票或几只股票做逐次交易，再怎么谨慎小心也会遇到想不到的风险，总是有可能踩到地雷，遭遇黑天鹅。一旦我们所交易的股票业绩突然变脸，股价大幅下跌，甚至破产、退市，逐次买入就会形成重大亏损。我自己就数次遇到重仓交易的股票业绩下滑、股息减少、股价大幅度下跌的情况。2018 年我开始重仓买入中国石化股票，并用这只股票做逐次交易。这一年中国石化做石油期货交易发生重大亏损，股价从年初最高每股 7.72 元跌到当年最后一个交易日的收盘价 4.99 元，跌幅达35.4%。2020 年随着国际石油价格大幅度下跌，中石化股价继续下跌，一度跌到每股 3.85 元，对比 2018 年最高每股 7.72 元，最大跌幅将近 50%。这样的下跌对于中国石化这样的股票来说可谓跌幅巨大，我在这只股票的交易中一度形成重大亏损。再比如，我从 2017 年开始用上汽集团股票做逐次交易，2018 年上汽集团股价从最高每股 37.66 元跌到同年最低每股 24.13 元，跌幅达 36%，到 2023 年 5 月，股价最低跌到每股 12.75 元，不考虑分红除权因素，跌幅高达 66%。更有甚者，一只股票股价下跌百分之八九十的情况也不稀奇，最坏的情况下股票退市，公司破产，投资者在这只股票上的全部投入就会灰飞烟灭。如此说来，投资个股的风险还是很大的。

为降低风险，避免最坏的情况，不用个股，而是选择合适的股票 ETF 指数基金代替个股做逐次交易是一个不错的办法。巴菲特多次建议普通投资者投资股票指数基金。巴菲特一再告诫投资者，对于完全不懂得股票的人，不如直接买标普 500 指数基金。他在《2014 年致股东信中》说，如果他过世，他以妻子的名义设立的信托，其名下 90% 的现金将让托管人用于购买标普 500 指数基金。股票指数基金的全称：交易型开放式指数基金，通常又被称为交易所交易基金（Exchange Traded Fund，简称 ETF），是一种在交易所上市交易的、基金份额可变的开放式基金。股票 ETF 的运作透明度比较高，在信息披露方面，除了像普通基金一样公布季报、半年报、年报以外，还会在交易中实时公布基金份额的参考净值。与其他各种投资品比较，指数基金是一种比较透明和公平的投资品。

# 一、为什么用指数基金做逐次交易

用 ETF 指数基金做逐次交易的好处在于它可以避免在逐次交易中重仓持有单一股票时可能出现的巨大风险。任何一只股票，不管看起来是多么优秀的股票，也难保证不出问题。在股市，曾经表现不错、深受投资者追捧的股票，股价却突然大幅下跌甚至退市等极端情况，并不稀奇。在这个市场里，没有人可以保证自己是绝对安全的。为了降低投资风险，用 ETF 指数基金做逐次交易是一个不错的选择。

股票 ETF 指数基金通过购买指数成分股里的股票，紧密跟踪股票指数的走势，分散了持有单一股票的个股风险。以沪深 300ETF 为例，该 ETF 跟踪的是沪深市场 300 最具代表性的公司股票，所以买一只沪深 300ETF，就等于同时买入沪深市场 300 只最具代表性的公司股票。再以创业板 ETF 为例，该 ETF 跟踪的是创业板指数，买一只创业板 ETF，就等于同时买入构成创业板指数的 100 只股票。

ETF 指数基金交易费用少。ETF 的交易佣金和股票一样，都是万分之几。不同的是，卖出股票无论盈亏与否，均需按成交额交千分之一的印花税。而 ETF 卖出则不需要交印花税。一般来说交易佣金为万分之一二，而印花税为千分之一，在交易成本中，印花税是大头，用 ETF 指数基金做逐次交易，可以节约部分交易成本。

## 二、用什么样的指数基金做逐次交易

目前，股市中交易的 ETF 指数基金有一百多个，但是适合用来做逐次交易的股票 ETF 并不多。在众多 ETF 中，应该选择宽基股票 ETF。宽基 ETF 是指跟踪宽基指数，也就是规模指数的 ETF 产品，其所代表的不同类型的规模指数反映了 A 股市场中不同规模特征股票的整体表现。与宽基指数相对应的是窄基指数，相较于宽基指数，窄基指数成分股的个股和行业更为集中，例如：某一行业的股票 ETF，如医药、消费、信息、金融、有色金属等行业的股票 ETF；某一主题的股票 ETF，如军工、环保、传媒等主题的股票 ETF；某一策略的股票 ETF，如基本面、红利、低波动等策略的股票 ETF。宽基 ETF 可以有效地分散风险，能够降低某一个股或者行业权重过重导致的非系统性风险。宽基 ETF 有上证 50ETF、沪深 300ETF、创业板指数基金、中证 500ETF 等。

上证 50ETF 指数基金是跟踪上证 50 指数的，上证 50 指数是根据科学客观的方法，挑选上海证券市场规模大、流动性好，最具代表性的 50 只股票组成样本股，以综合反映上海证券市场最具市场影响力的一批优质大盘企业的整体状况。上证 50 指数基日为 2003 年 12 月 31 日。上证 50 指数前十大成分股包括中国平安、贵州茅台、招商银行、兴业银行、中信证券、伊利股份、恒瑞医药、交通银行、民生银行、农业银行，合计权重超过 50%。

沪深 300 指数是沪深证券交易所于 2005 年 4 月 8 日联合发布的反映 A 股市场整体走势的指数。该指数由沪深股市 300 家具有代表性的上市公司组成，其样本覆盖了沪深市场 60% 左右的市值，具有良好的市场代表性和可投资性。不同于上证 50 指数只包含上海市场的股票，沪深 300 指数既包含上海市场的股票，也包含深圳市场的股票，因此是跨市场指数。从行业分布来看，沪深 300 指数权重前三大行业分别为非银金融、银行、食品饮料等，行业分布比上证 50 指数更均匀。沪深 300 指数前十大成分股包括中国平安、贵州茅台、招商银行、格力电器、兴业银行、美的集团、中信证券、五粮液、伊利股份、恒瑞医药，合计权重为 25% 左右。

中证 500ETF 跟踪中证 500 指数。中证 500 指数由 A 股中剔除沪深 300 指数成分股及总市值排名前 300 名的股票后，总市值排名靠前的 500 只股票组成，综合反映中国股市中一批中等市值公司的股票价格表现。该指数于 2007 年 1 月由中证指数公司发布，历史年化收益率为 14.68%。由于中证 500 指数成分股数量多达 500 只，个股行业分布更广泛，包含医药生物、计算机、电子、化工、房地产等。中证 500 指数前十大成分股为顺鑫农业、泰格医药、生物股份、中炬高新、汤臣倍健、广联达、金科股份、紫光国微、二三四五、中国长城，合计权重为 5.11%。

创业板指数由最具代表性的 100 家创业板上市公司股票组成，反映创业板市场的运行情况，其成分股中新兴产业、高新技术企业占比高，成长性好，因此有着"中国的纳斯达克"之称。创业板指数前十大成分股包括温氏股份、东方财富、沃森生物、汇川技术、爱尔眼科、乐普医疗、信维通信、机器人、智飞生物、三环集团。

在宽基股票ETF指数基金中，有些指数基金成交稀少，成交额不大，不适合做逐次交易。逐次交易应选择流动性好、成交金额大的ETF指数基金。

## 三、交易时机的选择

用股票指数基金做逐次交易也有风险，其风险主要是买入时机不对，买入价格过高。在这一点上我吃过亏，教训深刻。2022年初，我尝试着用两只指数基金做逐次交易，一只是华泰柏瑞沪深300ETF，另一只是易方达创业板ETF。

### 1. 逐次交易之华泰柏瑞沪深300ETF

该基金成立于2012年5月，全称为"华泰柏瑞沪深300交易型开放式指数证券投资基金"，基金代码510300，资产规模670.98亿元（截至2023年3月31日），成立以来每股累计分红0.6元。我用这只基金做逐次交易，主要是因为该指数基金规模大，日成交额多，流动性好。

2022年2月，当这只基金从上一年每份最高价5.7元多跌到4.6元左右时，我开始买入，并随着其价格下跌逐次买入。到2022年10月末，该基金价格跌到3.5元多，不到一年时间，与我开始买入价格相比，跌幅达24%；与其最高价相比，跌幅近40%。我在买入这只基金时，觉得它不是个股，风险不会太大，就有些大意了，对这只基金的实际价值，交易的价格区间等没有进行认真研究，只是设定每一次同向交易价差为0.01元，反向交易价差为0.06元。

到目前为止，我在这只指数基金上的投资仍处于亏损状态，只是经过一年多时间的逐次买入、逐次卖出，已将持有成本降到每份 4.2 元左右。相信假以时日，通过坚持不懈地做逐次交易，我可以在这只基金上扭亏为盈。

### 2. 逐次交易之易方达创业板 ETF

这只基金成立于 2012 年 5 月，全称为"易方达创业板交易型开放式指数证券投资基金"，基金代码 159915，资产规模 336.25 亿元（截至 2023 年 3 月 31 日），成立以来没有分过红。该指数基金投资于创业板股票，其前十大持仓股分别为宁德时代、东方财富、迈瑞医疗、汇川技术、温氏股份、阳光电源、爱尔眼科、亿纬锂能、智飞生物、沃森生物等，覆盖新能源、网络、医药、生物制品等行业。该基金规模大，日成交额比较大，流动性也比较好。

用这只基金做逐次交易，主要是因为我从来没有用创业板股票做逐次交易，对创业板股票了解不多，但又希望可以在创业板与主板股票的轮动中寻找交易机会，并借助创业板指数基金介入创业板股票。

2022 年 3 月，当这只数基金从上一年最高价每份 3.4 元多跌到 2.8 元左右时，我开始买入，并随着价格下跌逐次买入。至同年末，该基金大幅下跌到最低每份 2.2 元多，与上一年最高价相比，跌幅达 46%，与我开始买入的价格相比跌幅也达 20% 左右。到 2023 年 9 月，通过持续的逐次买入卖出，我将自己持有的该基金每份成本降到 2.4 元左右，这时，其价格已经跌破 2 元，降到每份 1.95 元左右。我的亏损幅度仍然接近 20%。而与我开始买入的 2.8 元相比，降幅则达 30%。

据相关统计，2022 年创业板指数暴跌 29%，2023 年又下跌了 13.6%，创下了近三年来的新低。下跌之快，跌幅之大，均令人始料不及，乍看似乎风险不大的指数基金，跌起来也挺吓人的。

与用 510300 基金做逐次交易一样，在买入这只指数基金前，我也没有对这个交易标的进行认真研究，对这只基金的价值，交易的价格区间等，也没有一个清楚的认知。结果可想而知，到目前为止，我在这只指数基金上的投资仍然处于亏损状态，只是经过一年多时间的逐次买入和卖出，已将持有成本降到每份 2.4 元左右。我同样相信通过，坚持不懈地做逐次交易，是可以在这只基金上扭亏为盈的。

可以说我用这两只指数基金做逐次交易开局不利，究其原因，还是大意了，觉得指数基金比普通股风险小，不会有多大的风险，想不到指数基金跌起来也是如此恐怖的，甚至不逊于股票，这个教训应该永远记住。虽然开局不利，但用指数基金做逐次交易仍不失为回避个股风险的一个选择。

# |第十章|
# 逐次交易之风险防范

如果不能正确地应对风险，那么你的成功是不可能长久的。

——霍华德·马克斯，《投资最重要的事》

卡尔·马克思曾说："金融是对内的掠夺，战争则是对外的掠夺。"一百多年过去了，时至今日，用金融手段掠夺财富的社会现象更是无处不在，并有愈演愈烈之势，这种现象在股市中尤为明显。《以交易为生》的作者亚历山大·埃尔德则用"抢钱"形容股票交易，他说："交易是一场狗咬狗的游戏，你想抢别人的钱，别人也想抢你的钱，交易是最危险的人类行为，其危险仅次于战争游戏。"掠夺也好，抢钱也罢，股票投资的风险有目共睹，每一个股市中的投资者都应在盘算怎么赚钱之前，先想好如何防范投资风险，如何才能避免被掠夺的命运。

股票投资的风险来自多个方面，我们所投资的上市公司可能会经营不善，业绩大幅下滑，甚至破产、退市；股价可能会在毫无征兆的情况下突然闪崩，下跌的幅度会超出你的想象；上市公司财务造假，故意欺诈等行为屡见不鲜；我们自己在交易中可能会犯各种错误。说实话，做逐次交易不惧怕股价大幅波动，更担心上市公司经营业绩发生变化，而这种担心总是会不期而至。俗话说富贵险中求，想要从股市赚钱，必要的冒险无法避免，但我们在投资中应尽可能降低风险。要知道，一旦出现较大幅度的亏损，那是很难挽回的，有人计算过，亏20%，要涨25%才能回本；亏50%，要涨100%才能回本；亏80%，要涨400%才能回本，多吓人啊！

在每一次交易时，交易者都需要如履薄冰、如临深渊，做好应付最坏情况的准备。只有这样，才能保证在投资中做到"败而不倒"。兵法云："未谋胜而先谋败。"在交易前，要先想怎么防止亏损，再想如何赚钱。诸葛亮曾说过："善败者不亡。"他在《便宜十六策·思虑》中指出："欲思其利，必虑其害；欲思其成，必虑其败。"日本德川家康的家训第六条就是"只知胜而不知败，必害其身"。一个人有了一定的财富后，守住财富比赚大钱更重要。任何一种交易方法都应该将风险防范作为整个交易系统的重要一环，逐次交易也是如此。

在逐次交易中，为了防范交易风险，我根据这些年来实盘交易的经验教训，归纳了若干防范风险的方法和措施，以此来约束自己的交易行为，以期降低和控制交易风险。

## 一、限定股票在资产总额中的比例

在股票、房产、债券及其他各种类型的投资品中，股票的风险是最大的，不知有多少聪明人折戟股市，不知有多少财富在股市里灰飞烟灭。不管是谁，不管在什么时候，都不应将自己的全部资产投入股市，因为，在最坏的情况下，投入股市的钱可能会损失殆尽，全部化为乌有。

众所周知，股票退市会给投资者带来巨大的损失，投资者对退市股票也是避之不及，但股市中谁也不能确保自己一定不会碰上这样的股票。一旦自己投资的股票退市，将会损失惨重。为了应对可能出现的最坏的情况，投资者应该限定股票投资在自己资产总额中的比例。这个比例具体是多少，可以根据个人情况而定，对于大多数人来说，股票投资不宜超过自己资产总额的 60%。

限定股票在投资总额中的比例，是控制风险的一个简单而有效的措施。乔治·索罗斯曾说："承担风险，无可指责，但同时记住千万不能孤注一掷。"不要孤注一掷的一个方法就是限定股票在投资总额中的比例，也就是分散配置大类资产。所罗门在《传道书》中说："把你手中的财富分为七份或八份，因为你无法预知未来将发生多大的不幸。"约翰·博格告诫投资者："永远不要低估资产配置的重要性。"合理的资产配置可以让穷人慢慢变成富人，让有钱人保住自己的财富。有人认为资产配置是一位投资者在投资中需要做的一个最重要的决定，其他所有的决定都是次要的。华尔街知名投资人威廉·伯恩斯坦说："预测各种主要资产类别未来长期收益的能力，或许是个人投资者应该掌握的最重要的投资技能。"

有人通过研究发现，在整个投资活动中，与选择股票、选择买卖时机相比，资产配置更重要。20 世纪 80 年代，美国学者布林森、霍德和比鲍尔在研究了 90 多只养老金基金的业绩情况后，发现这些养老金基金的收益取决于四个方面：资产配置、个别证券的选择、市场时机和管理成本。1986 年《金融分析师杂志》发表了布林森、霍德和比鲍尔的一篇题为《投资组合表现的决定性因素》的文章。三位学者在这篇学术论文中写道："你应该忘掉市场时机选择，你应该忘掉个股选择，在投资组合的收益中，几乎 94% 可由资产配置来解释，你应该做好资产配置。"他们认为，选股的好坏仅决定投资收益的 4.2%，而市场买卖时机的选择只占了 1.7%。这个结论一出来就引起了世界第二大基金管理公司先锋集团创始人、董事长约翰·伯格的重视，他很快组织了一个特别委员会进行研究，结果令人大吃一惊，他们发现，在长达 10 年的时间里，先锋集团旗下退休基金的报酬率有 88% 实际是由资产配置贡献的，挑选股票和市场时机只起着次要的作用。随后，美国耶鲁大学的一位教授通过对美国平衡性基金和退休基金的绩效研究，发现任何一只基金长期的绩效变化，大约有 90% 取决于资产配置的方式。有"全球资产配置之父"之称的加里·布林森曾指出："做投资决策，最重要的是要着眼于市场，确定好投资类别。从长远看，大约 90% 的投资收益都来自成功的资产配置。"我不知道将资产配置对投资收益的贡献率量化成具体数字是否科学，但资产配置在投资中的重要作用是毋庸置疑的。回过头来看中国这些年投资场上的情况，何尝不是如此。如果十多年前在一线城市买了房子，放着不动，如今的利润必定相当可观。如果十多年前没有买房，将全部资产投入股市，大多数人收益不会比买房子的人更好。一个人的投资业绩如何，在很大程度上是由选择了什么样的大类资产决定的。大卫·斯文森在《机构投资的创新之路》中说："长期而言，决定投资收益的核心因素是资产配置，选时和选股不是很重要。"这是斯文森亲掌耶鲁大学捐赠基金 20 多年投资经验的总结。

一位股票投资者在任何时候都要有资产配置的概念，都不能忘记资产配置的重要性。一位稳健的投资者应该将自己的资产适度分散在不同类型的资产中。斯文森掌管耶鲁捐赠基金长达 20 年之久，他掌管的这部分捐赠基金保持了年均净收益率 16.1% 的骄人业绩。以 2008 年为例，这一年斯文森将耶鲁大学捐赠基金的 30% 投资于股票，包括国内股和国际股，其他则投资于债券、私募基金、公司股权和不动产等方面。在 2013 年以前的 10 年间，耶鲁大学捐赠基金投资组合中，国内股票的投资回报率为 10.8%、油汽林矿的投资回报率为 15.6%、房地产的投资回报率为 7.2%。

关于如何配置大类资产，注重投资安全性的养老基金是一个很好的榜样。为了分散风险，我国养老基金投资分散配置在三个大类资产方面，即流动性资产、固定收益类资产和权益类资产。国家严格限制养老基金投资股市的比例，《基本养老保险基金投资管理办法》明确规定，可投资股票、股票基金、混合基金、股票型养老金产品的比例，合计不得高于可以按规定投资的养老基金资产净值的30%。

我们普通投资者也应该具有分散配置资产的意识。投资成功的关键，最重要的是正确的资产配置，说资产配置决定投资成败，一点也不为过。为了防范投资风险，总的思路和做法是将投资分为四类。

### 1. 房产

房产投资在资产配置中的顺序应该处于第一位。房产兼具使用功能和投资功能，永远是我们最重要、最安全的资产，既可以为自己和家人遮风避雨，又可以让自己的财产保值增值。房产是抵抗通货膨胀的最有效投资工具之一。托马斯·奥说："作为一种投资工具，房地产结合了债券和股票的优点，它既像债券那样能够提供更多的固定收入，具有安全性高的特点，又具有股票的升值潜力。"购买和拥有房地产是既安全又快捷的致富之道。房产是一种有可能跑赢货币贬值的投资工具，长期来看，其增值空间比黄金、定期存款、债券都要好。30年前罗杰斯用10.7万美元买下纽约的一栋房子，30年后的2007年，他以1600万美元的价格将这栋房子卖给了一个石油大亨的女儿，价格高出近100倍。黑石创始人彼得·彼得森在其自传中说到自己买房子的事：20世纪70年代早期，他在纽约市上东区格雷西广场买了一套有5间卧室和6间浴室的公寓，花费11万美元，30多年后，他的孩子们告诉他格雷西广场每套公寓的售价是900万美元。在中国，靠买房子赚大钱的故事更是数不胜数。近几十年来一线城市的房产投资收益远超股票收益，以深圳为例，对于大多数人来说，近三十年来，投资股票大概率不如投资房产收益高，一位浸淫股市多年、自己感觉已是高手的股票投资者，在查看自己的投资成绩时惊奇地发现，多年来自己辛辛苦苦在股票上赚的钱还不如自己不经意间买的房子赚得多，相信不少人都会有同样的经历和感觉。

房产投资比股票投资更具安全性，并在一定程度上成为老百姓的储蓄工具。诺贝尔经济学奖获得者、美国经济学家弗里德曼生前曾经说过："储蓄将以房子的形式存在。"在很多人的心里，现在的房产已经不是本来意义上的不动产了，它已经成为"最硬的钞票"，部分代替了货币的价值储藏功能，存钱不如存房子已经成为许多人的共识。在我国，老百姓有急有难，常常卖房子救急，上市公司亏损戴帽，也会卖房子扭亏。今天中国很多人的确是把房子作为保存财富避免货币贬值的一种手段，国人拼命买房，很大原因是恐惧手上的辛苦钱会越来越不值钱，买房只是他们在以房子的形式"存钱"而已。

房产投资可控性好，可以时刻由所有者自己亲手掌控。房产是实物资产，其可靠性超过股票和债券，可以被牢牢掌握在投资者手里，不会莫名其妙地消失于无形之中。而股票和债券有可能突然消失，上市公司可能会破产，股票可能会退市，债务人可能会无钱可还或有钱不还，债券可能会变成一张废纸。房产投资与股票投资的一个重要区别就是主动与被动，可控制与不可控制。罗伯特·清奇和唐纳德·特朗普在他们合著的《让你赚大钱》一书中一再强调控制的重要性。罗伯特·清奇说："我喜欢投资企业和房地产，因为这种投资标的让我拥有控制权。我不喜欢没有掌控权，所以我不喜欢股票、债券和共同基金这类纸上资产。大多数认为投资很冒险的人，却投资纸上资产，让自己一点掌控权也没有。"对于普通股民来说，上市公司的经营决策和分配政策，自己说了不算，而买的房子可以自己说了算。

### 2. 股票

对于大多数人来说，除了房产，只有股票投资有可能跑赢通货膨胀。西格尔长期深入研究美国股市，他的研究结果告诉世人：股票有可能是所有投资品种中收益最高的。格雷厄姆认为在严重的通货膨胀下，"以合理价格购买普通股就会再度提供比债券更强有力的保护"。他主张"在任何情况下都应该投资一定比例的资金于普通股……"并建议投资者考虑将这个比例最低限为 25% 而最高限为 75% 以内。通常，索罗斯的量子基金将 60% 的资本投资于股票，很少用保证金交易；20% 投资于宏观交易，在全球指数上下注，这一部分信贷杠杆达到 12 倍；其余 20% 做储备资金，投资于国债、银行存款。彼得·林奇说："尽管面临破产、经济萧条、战争、经济衰退、不同的政府和短裙长度惊人的改变的威胁，总体而言，股票利润是公司债券的 15 倍，国库券的 30 倍以上。"

巴菲特认为"权益资本是一种稀有资源"，确切地说优质的权益资本是稀有资源。一旦拥有，他就不会轻易卖出。巴菲特之所以能拥有巨额财富，原因之一就在于他看准时机加大进攻性资产——股权的投入。有人估计巴菲特常常将三分之二的资产配置在股权上，而大多数保险公司不敢这样做。巴菲特在解释他为什么喜欢股票投资时说："部分原因在于我的习惯，部分原因仅仅在于股票代表着公司，而拥有公司比拥有黄金或者农田要有趣得多。此外，股票可能是在通货膨胀时期，那些可供选择的少得可怜的投资对象中最好的选择——至少你能以合适的价格买进，它们会是很好的投资对象。"巴菲特说："你把现金装在口袋里，你一分钱也赚不到。你把钱投到货币市场基金上，你也是一分钱也赚不到。如果你买入的是净资产收益率很高，投入资本收益率很高，正在快速回购公司的股份从而使现有股东的持股比例明显增加的公司的股票，那么你就会赚到很多钱。"在通货膨胀中，股票的价格会随着公司原有资产的价格上涨而上涨，从而避免资产的贬值。股票在高通货膨胀时期通常是被优先选择的投资方式。要想取得高收益，只能增加股票的投资比例。

股票不仅有可能战胜通货膨胀，还比较灵活方便。罗伊·纽伯格说："如果你觉得错了，可以赶快退出来，股市不像房地产那样，卖房子需要很长时间办理手续，你可以随时逃出来。"股票的流动性好，如果急用钱，可以随时将手中的股票卖出变现。股票投资的资金门槛比较低，有点钱就可以投资，股票投资的工作寿命也比较长，一个人只要愿意，即使年老体迈也可以做股票投资，巴菲特都年过九十了，还活跃在股市。股市中有无穷无尽的发财的机会，叩开了这扇财富之门，将会终生受益。

### 3. 债券

在投资中处于第三位的应该是债券或其他固定收益类资产。有一种说法："穷人买股，富人买债。"穷人买债还是穷人，债券的收益是固定的，没有额外的利润，通过买债改变命运、变成富人的概率极低；穷人买股搏一下，也许可以改变命运。富人买股可能变成穷人，买债则可以保住财富。债券风险比股票低，有固定的收益，在一般情况下都会保证本金安全，在资产配置中应有一定比例。投资债券实际上就是把钱借给别人收利息。有"债券之王"之称的传奇投资人比尔·格罗斯说："债券是一个长期借条，而且有稳定的利息支付。"总的来说，债券的风险比股票小，但也有风险，并不是所有的债券都是安全的。

根据发行主体的不同，债券大致分为政府债券、金融债券和企业债券。政府债券是政府为筹集资金而发行的债券，主要包括国债、地方政府债券等，其中最主要的是国债。国债因其信誉好、利率优、风险小，又被称为"金边债券"。金融债券是由银行和非银行金融机构发行的债券。我国目前的金融债券主要由国家开发银行、进出口银行等政策性银行发行。

金融机构一般有雄厚的资金实力，信用度较高，因此金融债券往往有良好的信誉。债券具有比较大的风险，其风险程度有时候并不比股票小。近年来，信用债违约数量逐年增加。我也会做债券投资，但仅限于国债逆回购和银行理财，其他债券一律回避。

根据偿还期限的不同，债券可分为长期债券、短期债券和中期债券。一般来说，偿还期限在 10 年以上的为长期债券；偿还期限在 1 年以下的为短期债券；偿还期限在 1 年或 1 年以上、10 年以下（包括 10 年）的为中期债券。债券利率太低，如果货币贬值幅度过大，长期债券也是风险资产，而短期、高质量的债券风险小一点。相比之下，巴菲特比较喜欢短期债券，当有人问对于国库券的看法时，巴菲特道出了他不喜欢长期国债的原因。他说："有非常多的一些变数介入，但是有一件事情我可以告诉你，长期的国库债券不是一个好的投资，至少以现在的费率来讲，不是一个很好的投资。"短期债券相当于准现金，而现金的优点在于有选择权。也是因为这个原因，在债券投资中，我只投资短期债券，如一年以内的银行理财和 28 天以内的国债逆回购，为的是应付可能出现的其他投资机会。

在投资中，债券与股票应该保持适当比例。早在 2014 年，巴菲特就已经宣布计划将留给其妻子的遗产中的 90% 投入标普 500 指数基金，而剩余的 10% 将被投入政府债券。西格尔、托马斯·奥认为，在跨越三四十年的整个市场周期中，股票的收益会高于债券投资。但股票收益在很多时间里会低于债券，这个时间可能会长达 10 年或者 20 年。这种现象在投资场上并不鲜见。了解这一点对我们来说十分重要，对于年龄比较大的投资者来说尤其重要。我们应该尽力搞清楚什么时候应该投资股票，什么时候应该投资债券，从而正确配置资产。20 世纪 70 年代初，美国股市泡沫泛滥，巴菲特解散了公司，把 85% 的资金投入债券市场去谋取稳定收益，只用

15% 的资金投入股票市场。菲利普·凯睿在《智慧——菲利普·凯睿的投资艺术》一书中告诫投资者："至少把一半以上的资金放在能产生固定收益的证券上。""当股价变高、利率增长、商业繁荣时，至少把一半以上的资金投放到短期债券中。"格雷厄姆建议投资者在投资组合中最好同时持有股票和债券，让二者保持一定的比例，定期进行平衡。

费雪在谈到如何应对通货膨胀时说，如果你买入了非常好的股票——按照我的标准，而不是任意瞎买——当通货膨胀过去的时候，你真实购买力的 80% 会得到很好的保护。费雪说投资的时机选择是非常困难的，"我并不想成为那种手中留存过多现金的聪明人，同样要是时机来临，我也不想花太多时间来做准备。当你不确定的时候，你就对冲。粗略地估计，我的资金有 65% ~ 68% 会投入到我真正看中的 4 只股票上面，有 20% ~ 25% 是现金或者现金等价物，剩余的资金会放到有前途的 5 只股票上"。

约翰·博格认为：投资并不是只持有普通股。股市的历史回报也无法作为判断未来收益的可靠依据。实际上，投资者应该在投资组合中保留部分短期或中期优质债券。没能认识到这一点的投资者会在 2008 年这样的困难时期栽跟头。约翰·博格说："我是个循规蹈矩的人，我自己约 60% 的资产是债券，40% 是股票，最近六七年来，我一直没有大幅度调整这个比例。"

在股票投资中，应该坚持股债平衡的原则。为了控制投资风险，格雷厄姆在《聪明的投资者》中建议投资者将其资金投资于股票的比例限制在 25% ~ 75% 之间，并根据股市动向进行调整。他主张用某种机械的方法调整债券与股票之间的比例。随着股价上升，卖出股票投资债券，随着股价下跌，卖出债券买入股票，始终让股票与债券之比例保持动态平衡。格雷厄姆认为价值投资者应该永不满仓持有股票。

我在债券投资方面有两个原则。第一，不买企业债券，尤其是不买民营企业控制的企业债。这几年海航债、恒大债等企业债的坏消息太多了。第二，不买长期债券，持有长期债券就失去了选择权，当好的投资机会来临时，投资长期债券的这部分资金将无法使用。逐次交易需要资金在债与股之间快速、灵活转移，如果连续买入股票，可以将投资于固定收益类的资金转到股票账户，如果连续卖出股票，可以将卖出股票变现的资金从股票账户转到固定收益类的账户。

### 4. 现金类资产

在投资中，总是需要保留一部分现金类资产，这类资产是流动性最好的资产，是资产配置中不可或缺的一部分。通常在市场股价明显偏高的时候，巴菲特会持有大量的现金，如 2019 年 11 月，他持有 1280 亿美元现金，因为他认为，美国股价实在是太高了。虽然在货币快速贬值的时候持有较多的货币是不明智的，但是，不要忘了"现金为王"。现金的回报率低于所有资产，持有现金就意味着放弃收益，但对于投资者来说，现金在有些时候又是十分重要、不可缺少的。一旦异常情况发生，持有现金就处在了一个比较主动的位置上。巴菲特经常大量储备现金，手持现金"等风来"，耐心等待最佳的投资时机。巴菲特的传记——《滚雪球，巴菲特和他的财富人生》的作者说："巴菲特对现金的看法与普通投资者不同。现金具有选择性，这是我从他身上学到的最重要的东西之一。他认为现金是一种永不过期的看涨期权，可以购买任何资产，而且不受行权价限制。"巴菲特曾指出："现金是氧气，99% 的时间你不会注意到它，但一旦没有后果会很严重，因此，伯克希尔将永远保留手头 200 亿美元现金的流动性，从不指望银行或其他任何人。"巴菲特的老伙计查理·芒格说："我们不把资金全用完，而是留一部分具有流动性的资金，所以我们可以在恐慌最严重时出手投资。"

在坚持分散配置的同时，应该适时调整资产配置，约翰·伯格说："投资者应该定期调整投资组合的平衡，卖出一部分涨幅最大或买进一部分跌幅最大的头寸……再平衡对于投资非常有用。"罗伊·纽伯格以他长期的投资经验得出结论："在一个时期，可能普通股是最好的投资，但在另一个时期，也许房地产业是最好的。任何事情都在变，人们也要学会变。我完全不相信会存在一个永久不变的产业。"格雷厄姆认为，当主要指标股的每股收益低于高品质债券的利率时，投资人应该远离股票市场。在逐次交易中，我将股息收益率作为一个调整的重要指标，当股息率低于 3% 时，就减少股票配置，当股息率高于 6% 时，就增加股票配置。

## 二、限定单一股票在股票投资中的比例

在逐次交易时，为控制投资风险，除限定股票在总资产中的比例外，还应限定单一股票在股票投资中的比例。我认为对于大多数投资者来说，投资一只股票的资金最好不要超过自己股票账户中全部资金的 60%，同时不超过总资产的 40%。

《以交易为生》的作者亚历山大·埃尔德说："你必须避免输光的风险，其次是获取稳定的收益，最后才是获取高额回报，但生存优先。不能拿全部资金来冒险，这是交易的首要原则。"在股票投资中，不管多看好一只股票，也应该控制投入资金的比例。詹姆斯·克拉默认为，投资于单一股票的金额千万不要超过总投资净额的 10%，如果超过，就不是投资而是投机，这在投资金额庞大的时候尤其不明智。这就好像是在赌霉运不会落在自己身上，是一种风险极高的想法。巴菲特非常推崇集中投资，他曾

在一只股票上投入约40%的资产，但在大部分时间里他投资于一家公司的资金比例也不会太集中。为了防止基金公司持股集中于某一只或某几只股票，以免因被投资公司经营突然恶化而导致基金财产遭受重大损失，现行监管规章对于基金投资的风险控制有若干限制性规则，如《证券投资基金运作管理办法》规定，一只基金持有一家上市公司的股票，其市值不得超过基金资产净值的10%；同一基金管理人管理的全部基金持有一家公司发行的证券，不得超过该证券的10%。保监会也规定，保险公司投资同一上市公司的股票，不超过该公司总股本的10%，超过10%的仅限于实现控股的重大投资。这样的规定有助于基金公司和保险公司控制风险，我们也应该从这类规定中得到启示，通过限定单一股票在证券投资中的比例来控制风险是非常必要的。

一位理性的投资者在任何时候都不能赌性大发，没有节制地豪赌。贾森·茨威格在其《格雷厄姆的理性投资学》一书中说："如果你不能让自己远离市场中的赌博，那么你至少应该限定风险投资的最高金额。就像赌客为自己设定最大输钱限额——把钱包锁进酒店的保险箱，然后随身只带200美元进入赌场一样。"

所有的投资都有风险，所有的投资或多或少都具有一定的赌性，股票投资赌性更大。在逐次交易时，无论多看好一只股票，我也一定会给自己定一个投入资金的最大限额，即便是自己交易的这只股票跌破了已经确定的交易的价格区间下沿，看起来具有罕见的投资价值，也不再增加资金投入。谁知道股市里还有多少我们想不到的、千奇百怪的事情会发生呢？

# 三、在交易的各个环节控制风险

在逐次交易中，交易者需要在交易的各个环节控制风险。在选股时，安全第一，赚钱第二。要选择质地优良的股票做交易标的，尽量避开业绩可能暴雷，股价可能大幅度下滑的股票；在确定交易的价格区间时，尽量多留安全边际，把交易的价格区间定得更宽泛些，所谓料敌从宽，御敌从严，才能以保万全；在实盘交易时，坚持分批买入、分批卖出的交易方式，避免孤注一掷式交易。为了在交易中时刻提醒自己注意风险，我总结了逐次交易中防范风险的若干戒律。

## 1. 不买没有现金分红的股票，不用股息率低于3%的股票做逐次交易

对那些一毛不拔，只知从市场中索取，而不用现金分红回报股民的股票敬而远之，一股都不买。诚然，不应该全部否定不用现金分红的股票，一段时间不分股息的股票中也有好股票，但我看不懂这类股票，用我的计算方法没办法给这种股票确定逐次交易的价格区间。一般情况下我不会买股息率低于3%的股票，这不符合我的买入标准。如果以前买入持有的股票，在持有交易过程中股息减少，股息率下降并低于3%，我会减少仓位或逐步卖出这只股票。我曾用浦发银行、华侨城两只股票做逐次交易，后来因这两只股票现金分红减少，股息率下降，我便将它们全部卖出，不再用这两只股票做逐次交易。

## 2. 不买市盈率高于15倍的股票

这是我多年来给自己定的一条规矩，实际上在逐次交易中，一般情况下我不会轻易买入市盈率高于10倍的股票（相当于每股收益率10%）。

如果一只股票分红记录非常好，股息率比较高，其他方面的情况也比较好，则市盈率可以稍高一些。目前，我正在交易的 3 只股票市盈率均低于 10 倍。

### 3. 不用新上市的股票、创业板和科创板的个股做逐次交易

新上市的股票没有持续稳定的现金分红、每股收益记录，无法计算其近年来的分红率、股息率和每股收益率，也无法用我的计算公式计算这类股票的逐次交易的价格区间。至今我还没有开通科创板股票交易手续，虽开通了创业板交易手续，但也只是用于有选择的申购新股。一旦有新股中签，我会在其上市交易当天或打开涨停板当天全部卖出了结。从去年开始，我用少量资金投资创业板 EFT（159915），创业板指数从上一年最后一个交易日的 3322.67 点跌到 2022 年 6 月 2 日的 2458.26 点，跌幅达 26%。我介入创业板指数基金的点位还是太高了。据统计，2022 年 6 月创业板的平均市盈率为 37.98 点，历史最大值为 133.76 点，历史最小值为 26.91 点，目前创业板市盈率还是偏高。

### 4. 不用题材股、概念股做逐次交易

所谓题材股指的是有炒作题材的股票，通常指由于一些突发事件、重大事件或特有现象而使部分个股具有一些共同的特征，炒作者借题发挥，引起市场大众跟风。所谓概念股是指具有某种特别内涵的股票，概念股是与业绩股相对而言的。业绩股需要有良好的业绩支撑，而概念股是依靠某一概念，比如资产重组概念、网络概念、新能源汽车概念、生物医药概念，等等。有些股票自身业绩平平甚至惨不忍睹，没多大吸引力，可一旦被纳入某个题材、概念中，就会成为股市的热点，受到市场的追捧和恶炒。这些所谓的题材股、概念股，常会成为割韭菜的工具，

不知道让多少人深受其害。我对这类股票一律不碰，决不用这样的股票做逐次交易。

### 5. 不满仓持股

始终坚持股价上涨时减仓，下跌时增仓，做到高价位低仓位，低价位高仓位，而不是相反。如果说满仓是全力进攻，空仓是完全防守，那么总是保持半仓的逐次交易就是攻守兼顾，一般情况下不轻易满仓，始终留一点余地。在逐次交易中，利用股价波动出现的交易机会，持续降低持股成本，争取将持有成本越降越低，甚至降到 0。通过持续的逐次交易，可以用比较低的仓位获取比较高的收益，这也是逐次交易中防范风险的最有效方法。

## 四、慎用杠杆

在股票投资中使用杠杆，就是用借来的钱投资，以实现以小（少量资本金）搏大（更大的总资产），因此被形象地称为加杠杆。杠杆交易有利有弊，有可能增加利润，也有可能增加亏损。加杠杆形成巨大亏损的事情在股市屡见不鲜。2015 年那一波大牛市被称为杠杆牛，有人被杠杆捧上了天，在随后的大跌中，有人被杠杆打翻在地，损失惨重。2017 年上半年面对一些股票闪崩，一位投资界资深人士感叹："在错误的方向上加杠杆是致命的，加杠杆操纵股价的结果是所有人把筹码扔给你，你不能承受筹码之重，必将被压死。"凯恩斯虽然也常利用杠杆赚钱，但他一再告诫投资者不要过度使用杠杆。管理耶鲁大学捐款基金的大卫·斯文森说："杠杆的作用既有大幅升值潜力，也能带来巨大危害，对于追求长期策略的投资者尤其危险。"股票投资不借钱加杠杆，最多亏掉本金，加杠杆，在最坏的情况出现时，可能会亏到倾家荡产卖房子还债。在逐次交易中的大部分时间里，交易者的账户中应总是保持一定数量的股票和一定数量的资金，一般情况下不需要融资加杠杆。当股价大幅度下跌，跌破了交易者确定的交易价格区间下沿，交易者用完了计划安排的全部资金，而股价还在下跌，这时候就会有融资加杠杆继续买入的需要和冲动。这种情况怎么办？如果我们交易的股票基本面确实不错，有罕见的投资价值，价格下跌仅仅是由整个市场恐慌引起的，这时候加杠杆也许可以赚大钱，也不是完全不可以，但要特别慎重。

# |第十一章|
# 逐次交易需要的心理状态

在资本市场上，最终较量的不是那些谁都能写成书的投资技巧，而是一种人性的较量，是你对于人性的感知力与把握力，导致你的决策与别人的不一样，这就是你的高下。

——吉姆·罗杰斯

在股市交易中，正确的投资策略和娴熟的交易技巧固然重要，良好的心理状态也是必不可少的，三者缺一不可。只有将三者有机地结合起来，才能形成交易中的实战能力，获得交易的成功。

股票交易既是认知的博弈，也是人性的博弈，既是投资水平、交易方法的较量，也是投资者心态的较量。与其他各种交易方法相比，逐次交易更需要交易者具有良好的心态。逐次交易并不要求投资者有多强的选股、择时能力，也没有太高的资金要求。逐次交易的方法非常简单，很容易理解和掌握，能不能用这种方法赚钱，很大程度上不单是取决于交易者的投资理念和交易技巧，更是取决于交易者是不是具有坚强的意志，是不是足够勇敢，敢于在股价连续下跌的时候逐次买入，在股价连续上涨的时候舍得逐次卖出。如果内心不够强大，意志不够坚强，别人贪婪的时候你也跟着贪婪，舍不得逐次卖出，别人恐惧的时候你也一样恐惧，不敢在股价大幅下跌时坚持逐次买入，逐次交易就会半途而废，就无法将这种交易方法坚持下去。

## 一、交易心态的重要性

在逐次交易中，心态的作用是十分重要的。说到交易心态的重要性，《逆向交易者》一书的作者 G. C. 塞尔登告诉人们，高手之所以长期赢利，并不是因为他们的技术有什么特别，而是因为他们内心的强大。他指出，从本质上来说，投机交易是资金的博弈，是大众智力的角逐，同时也是一种微妙的心理战，投资的成败 75% 与心理有关。

交易心理学家范·撒普博士认为："交易有三个组成元素：心理状态、资金管理和交易方法。心理状态是最重要的（大概占 60%），其次是资金管理（大概占 30%），而交易方法是最不重要的（只占约 10%）。"也有人说，交易能否成功，一分靠运气，两分靠技术，七分看心态。在说到交易心态的重要性时，提摩西·史莱特说："我真的认为交易的成功有 80% 来自心理，20% 才是方法，不管是基本分析或技术分析。"

上述看法和说法未免太过强调交易心态的作用，但不可否认心理状态这种看似虚无缥缈的东西，实实在在影响着交易的成败。就像罗杰斯所说的："在资本市场上，最终较量的不是那些谁都能写成书的投资技巧，而是一种人性的较量，是你对于人性的感知力与把握力，导致你的决策与别人的不一样，这就是你的高下。"市场的参与者是人，不管用什么样的交易方法，都离不开使用这种方法的人的因素。交易从本质上说是人的心理的较量，是人性的博弈，在投资领域，有时候性格比智商更重要。

## 二、逐次交易需要的心理状态

相比而言，逐次交易更依赖交易者的心理状态，它需要交易者始终保持理性客观，实事求是；要求交易者独立思考，不受或少受大众情绪和大盘涨跌的影响；需要交易者具有坚强的意志和足够的耐心；要求交易者严格自律，在交易中坚持按交易规则和交易计划进行交易。对逐次交易需要的心理状态，在此择其要者罗列如下。

### 1. 理性客观，实事求是

逐次交易需要交易者理性客观，实事求是，一切从实际出发。众所周知，赌场中的赌徒是最容易丧失理智的人，股票交易具有一定的赌性，股票交易者也容易失去理智，而要想在股市里长期生存，恰恰最需要理性。曾有人问查理·芒格投资中最重要的品质是什么，他说："如果只能选一个词，那就是'理性'。"理性的重要性，不仅仅是在投资领域，在人生的各个方面都同样重要。芒格的一句名言是"成为一个理性、客观的人，这应该是人生最重要的追求"。

保持理性客观，才能正确认识股市。股票的内在价值是一种客观存在，理性的人承认这种客观存在，实事求是，在此基础上进行交易。而不理性的人常常不管一只股票的实际价值几何，主观地、不切实际地幻想股价涨了还会再涨，根据不靠谱的消息孤注一掷地下注。股市里那些听信不靠谱的故事，热衷于炒作概念、题材股的人，那些融资买入市盈率超过 100 倍甚至几百倍股票的人，大多是不理性的投资者。理性的投资者一般不会根据所谓概念、题材、专家的评论进行交易，一般也不会买入市盈率、市净率过高的股票。股市里形形色色的骗局、庄家的圈套，只能欺骗不理性的投资者，理性的投资者一般不容易上当受骗。卡尔·波普说："理性是罗盘，欲望是暴风雨。"在茫茫股海中，理性让我们头脑清楚，让我们不会迷失方向。

保持理性客观，才能正确认识自己。在交易中没有人一定要你买这只股票或那只股票，也没有人可以逼迫你卖出这只股票或那只股票，买什么、卖什么，买多少，卖多少，决定权全在自己手里。就像格雷厄姆说的："投资者最大的问题以及敌人可能就是他自己。"巴菲特说："关键是要有自知之明，在投资中如此，在投资之外也如此。"正确认识自己，要求投资者对自己的能力有一个正确的判断，不做超过自己能力的事情，在投资中坚持在自己的能力圈内做事情。马斯洛认为良好的心理素质表现之一是"能充分地了解自己，并对自己的能力做出适度的评价"。在谈到理性的重要性时，巴菲特说："我很理性。很多人智商比我更高，很多人也比我工作时间更长，但我做事更加理性。你必须能够控制自己，不要让情感左右你的理智。"巴菲特一再强调投资者应在自己的能力范围内行事，曾有人问巴菲特为什么不投资科技类公司，巴菲特回答说世界上对科技公司有深刻认识的人很多，而他可能排不进前一万名，科技公司属于他看不懂的那一类公司。看不懂，不等于不好，看不懂是因为他自己的知识结构是有侧重的，一个人不可能懂所有的事情，股神也不可能弄懂所有行业和公司的运营规则。对于看不懂的公司，巴菲特选择果断放弃。他说："我不会强迫自己花费很多时间在一个搞不懂的公司上。对于一个人来说，最重要的就是待在那些你有优势的领域，不要乱走。"在投资中一定要实事求是，不懂就不要装懂。理性的投资者一般不会投资自己弄不清楚的股票，有道是"人只能挣自己认知和能力范围内的钱"。

理性的投资者的交易行为符合商业常识和投资逻辑，而不理性的投资者其行为常常有违商业常识和投资逻辑。股市里经常可以看到这样的现象——一只连续数年亏损、有退市风险的股票股价却不断上涨，一只每股现金分红只有几分钱，每股收益只有几毛钱的股票，股价却高达上百元甚至几百元，显然不合逻辑。塞·约翰生说："理智像太阳，它的光是恒久的，不变的，持续的；而想象，则像发光的流星，不过是稍纵即逝的闪耀，其活动无规律，其方向亦不固定。"世事难料，股海无常，只有始终保持理性客观，才能在股市长久生存。

理性的人，可以坚持独立思考，不人云亦云，不随波逐流，不受或少受大众情绪、大盘涨跌的影响。美国女哲学家艾茵·兰德说："财富是一个人思考能力的产物。"股市里最不缺的就是各种消息，这些消息有真有假，难以分辨，更糟的是有人为了一己私利，发布虚假信息，造谣惑众，骗人上当。如果交易者不能独立思考，根据那些不靠谱的信息进行交易，结果可想而知。还有一些所谓专家，夸夸其谈，说起来头头是道，其实他们也是常人，亦受时空局限，难免会"跌破眼镜"预测不准。水平高低还另说，更可恶的是有的专家受人指使，忽悠股民。如果不能独立思考，不相信自己的判断，反而相信那些专家的意见，就有可能被他人误导而做出错误的交易决策。在逐次交易中，需要交易者坚持独立思考，不盲目从众。就像巴菲特说的那样，具有优势的投资者是那些颇具性格的人，他们能看清一家企业、一个行业，不在意身边人群的看法，不在意自己在报纸上读到了什么报道，不在意自己在电视上看到了什么描述，不听那些把"某事就要发生了"挂在嘴边的人说的话。你需要基于存在的事实，得出自己的结论。在逐次交易中，交易总是与股价运行方向反向而行，当多数人卖出时，我们在逐次买入，当别人买入时，我们在逐次卖出，这时候，独立思考更显得重要。

在投资中保持理性的一个重要方面就是合理预期收益，合理预期也是理性的一部分。逐次交易需要交易者合理预期收益，期望过高，想要赚快钱、一夜暴富的人，不适合使用逐次交易这种交易方法。人性的弱点决定股市中的人们大都忍不住贪婪，有人对一年百分之十的利润都心有不屑，他们的心理预期太高，恨不得收益年年翻倍。如果没有合理的盈利目标，就会不由自主地陷入贪婪而不能自拔，就会奢望不切实际的高收益，幻想一夜暴富，而贪婪和恐惧都是成功投资的大敌。《交易圣经》的作者布伦特说："不切实际的期望和对成功的痴迷是一对邪恶的双胞胎，它们勾结在一起搅乱了你的情绪。"盈利目标太高，盲目自信，在交易中就会过度投机，冒险狂赌。一些看起来荒谬的交易、低级的错误都与不切实际的过高的收益预期有关，过高的预期收益会使投资者心态变差，会驱使投资者进行不理智的交易，比如根本不管股票基本面的情况，不合逻辑，不顾常识，买入市盈率、市净率奇高的股票；比如盲目集中资金放手一搏；比如冒险使用杠杆；比如炒小，炒差，炒概念，搏重组股等。股市中的很多骗局，都是利用了人性的弱点，用所谓的高收益骗人入局。那么多人上当受骗，不是那些骗子的技法多高超，而是投资者太贪婪。没有人会质疑这些骗子公司的高收益从何而来，投资是否具有可行性，或者说大家都知道，只是相信自己不会成为那个接最后一棒的人。

合理的预期收益，就是有可能实现的投资收益率，而过高的、不可能实现的预期收益，属于不合理的预期收益。两者的区别在于，一个是"可能实现的"，一个是"不可能实现的"。比如，一位投资者期望在未来10年的时间里，取得10%左右的年复合收益率，这样的预期收益率是有可能实现的。如果期望在未来10年的时间里连续保持30%～40%的年复合收益率，那是几乎无法实现的。在股市，如果一个人可以在十几年、数十年的时间里取得15%的年复合收益率，那就是很厉害的人了。长期来说股票投资的收益并不像人们想象的那么高，美国的西格尔教授经长期研究发现，1802年至2001年的200年间，美国股市的实际年均复合收益率是6.9%。这个数据得到了广泛的认可，长期股票年均复合收益率6.9%成为著名的"西格尔常量"。

我国股市近30多年来，股票投资的收益没有跑赢M2的增长速度，1990年以来，M2增长了130多倍，与M2相比，沪深指数的增长明显落后。上证指数的基准日是1990年12月19日，基准日指数是100点，到

2022 年 4 月 22 日，上证指数为 3086 点，在 32 年的时间里，上证指数上涨了大约 30 倍。深证成指的基准日是 1994 年 7 月 20 日，基准日指数是1000 点，2022 年 4 月 22 日，深证成指收盘价为 11051.7 点，在 28 年时间里，深证成指大约上涨了 11 倍。两个指数增速并不高。

再来看看那些大家耳熟能详的著名投资者长期投资的年复合收益率。

格雷厄姆早期的投资记录已无从查起，有记录可查的是从 1936 年到1956 年的 20 年间，他的格雷厄姆·纽曼公司年收益率不低于 14.7%，略高于同期股票市场的整体收益率。

巴菲特在很早的时候就把自己的投资收益率设定为年平均 15% 左右，这个收益率目标在后来长达数十年的投资生涯中从未改变。巴菲特 50 多年间的年复合收益率为 21.5%。

索罗斯的量子基金 1969 年的原始资本为 600 万美元，到 1999 年增加到 55 亿美元，年均复合增长率为 30%。

彼得·林奇在 1977 年至 1990 年管理麦哲伦基金的 13 年间，年均复合回报率为 29%。

约翰·聂夫管理温莎基金在 35 年间取得的复利是 16%。

爱德华·索普运作过两只对冲基金，运作了近 30 年，取得了 19% ~ 20%的年复合收益率，并且没有一年出现亏损。

詹姆斯·西蒙斯，21 年里年化收益为 35%。

塞思·卡拉曼，27 年里的年化收益为 19%。

大卫·史文森，24 年里的年化收益为 16.1%。

查理·芒格说，很少有人能在 50 年时间里保持 19% 的投资收益率。如果将预期收益定得太高，就需要问一下自己，我是否比这些投资大师还优秀？说实话，一位投资者在长达 10 年以上的时间里，如果能保持 15%的年复合收益率，那就很不错了。

在逐次交易中，我不会给自己定太高的盈利目标，我的预期是在

10年以上的时间里取得10%左右的年复合收益率。我觉得这是一个比较合理的预期收益，是一个可望实现的盈利目标，但这也不是轻而易举可得的。

### 2. 勇敢果断，意志坚强

逐次交易需要交易者具有坚强的意志，特别是在股价下跌逐次买入、形成一定的浮亏损时，更考验交易者的意志。这时如意志不够坚定，逐次买入就无法坚持。反之，逐次卖出也是这样，随着不断的逐次卖出，持有的股票越来越少，就会舍不得继续逐次卖出。杰西·利弗莫尔晚年时，他的儿子保罗和小杰西问他为什么总能在股市中赚到钱，而其他人总是亏钱。他告诉两个孩子，必须随时控制自己的情绪。他说当恐惧出现的时候，"正常的推理被扭曲了，理智的人在感到恐惧的时候，他们的行为就不理智了。当人们开始赔钱时，他们就感到害怕了，他们的判断力也减弱了，这就是我们进化到这个阶段的人的本性"。只有那些意志坚强的人，才可以坦然面对股价的剧烈波动，才能忍受自己持有的股票价格大幅度下跌产生的压力和痛苦，才能像查理·芒格说的那样，"不要在意股价短期波动"。而性格脆弱的人股价一涨就兴高采烈，股价一跌就悲观失望，唉声叹气。很多时候股市里并没有发生什么事情，变化的只是投资人自己的情绪。股市里的每一位投资者，不管是否愿意，都不可避免地需要忍受股价波动，账户里资产涨跌带来的喜悦或痛苦、惊喜或惊吓。

2019年2月，巴菲特的伯克希尔·哈撒韦公司发表一年一度的《致股东信》，其中指出，伯克希尔季度GAAP（美国通用会计准则）盈利的大幅波动将成为新常态。巴菲特告诉股东："我们每季度的公认会计原则收益的大幅波动将不可避免地继续下去。……事实上，在股价高度波动的第四季度，我们有好几天都经历了单日'盈利'或'亏损'超过40亿美元。我们对此的建议是，请关注运营收益，少关注其他任何形式的暂时收益或损失。"40亿美元的波动相对于1730亿美元的持仓，波动幅度在2%左右。对于股票投资者来说，账户资金一天盈利或亏损2%的事情并不罕见。

在逐次交易中，出现浮亏常常是大概率的、意料之中的事情，因为逐次交易的交易规则是在股价下跌时逐次买入，越跌越买，小跌小买，大跌大买，在此过程中形成亏损是很正常的，阶段性亏损几乎是很难避免的。如果交易标的的价格没有连续地、较大幅度地下跌，就不能买到价格便宜的股票，就不能买够交易者希望买入的数量。可是，在逐次买入的过程中，账面上出现的亏损的确考验人的承受能力。每当股价长时间下跌的时候，看着自己账户里的资金一天天缩水，就更能理解小弗雷德·施维德说的那句话："股票所交易的是对痛苦的承受力。"当交易中出现浮亏时，坚强的人可以忍受股价下跌带来的痛苦，而内心脆弱的人往往会惊慌失措，不能忍受这种痛苦。巴菲特说："如果你不能承受股价下跌50%，那么你就不适合做股票投资。"在逐次交易出现浮亏时，我总是会用巴菲特的这句话安慰自己。

从多年的交易中，我体会到很多时候，交易的结果常常取决于交易者的意志力，像沃勒说的："尽管我们用判断力思考问题，但最终解决问题的还是意志，而不是才智。"可以说股票投资是一种勇敢者的游戏。彼得·林奇说："每个投资者都有投资赚钱的智力，但不是每个人都有足够的胆量。"那些夸夸其谈的股评家，其中也不乏聪明人，但他们中的许多人不能成为股市中的赢家，很重要的一个原因就在于仅有理论还不够，还需要有将理论付诸实践的勇气。就像格雷厄姆说的："即使是理性的投资者，也需要很强的意志力防止自己的从众行为。"一位优秀的投资者应该勇敢果断，当机会来临的时候出手。怯懦的、优柔寡断的人往往会失去买入或卖出的机会，只有勇敢果断的投资者可以把握稍纵即逝的交易机会。这个市场从来不缺机会，比较大的机会年年有，微小的机会月月有，面对出现在眼前的投资机会，怯懦的人往往不敢出手，面对市场波动往往会优柔寡断，举棋不定，出现选择性困难。做事情患得患失的人不可能成为一位优秀的交易者。

逐次交易要求交易者在股价大幅度下跌时敢买入，在股价大幅度上涨时舍得卖，而怯懦的人恰恰相反，在下跌时不敢买，在上涨时不舍得卖。汉克·普鲁登在《顶级交易的三大技巧》一书中说："猜疑和拖延都不是恰当的交易行为，你应该在交易前就想清楚操作的结果。如果交易者在交易的时候才思考结果，他就无法做好交易。在交易时需要做出快速勇敢的操作。"交易需要果断，举棋不定、犹豫不决都是逐次交易操盘的大忌。而逐次交易的优点之一，就是它在一定程度上可以帮助交易者克服犹豫不决、举棋不定的毛病。

### 3. 足够的耐心

在逐次交易中，一定要有足够的耐心。投资既是一个不断选择的过程，也是一个耐心等待的过程。发现好企业后需要等待，等待其股价运行到合理的价格区间、出现安全边际后，才可以买入。买入后需要等待，等股价上涨达到一定幅度，才能出现卖出的机会。股市中，只有那些能够耐心等待的人，才能成为赢家。理查德·L.威斯曼说："耐心是一种崇高的美德。"对股票投资来说，耐心尤为重要。美国著名期货投资大师斯坦利·克罗说："市场就像一个伟大的财富分配器，它不会考虑任何人的资金大小，它只会奖赏有耐心，有纪律，有能力的人。……耐心和纪律是必要的素质，因为懂得和能够准确运用进出时机的交易者，即使本金不大，也能因此积累利润。"

在股市中，普通股民是最弱的一群人，没有足够的资本，没有及时准确的信息来源，无法影响市场，创造交易机会。对普通股民来说，好的交易机会只能是等出来的，能做的只能是蛰伏待机，被动地等待。就像理查德·L.威斯曼在《赌场式交易策略》说的："我们无法掌控市场，但我们可以控制自己的情绪。"我们可以等，耐心等待买入的机会，耐心等待卖出的时机。好在逐次交易与买入持有不同，等待时间不会那么漫长，在股价波动比较大的时候，几乎天天都有交易的机会。

**4. 自信自律，坚持按既定的交易方法和交易计划交易**

逐次交易需要交易者自信自律，相信自己的交易系统，并严格执行。一旦选定交易标的，确定了交易价格区间，设定好交易价差和交易数量，并制定了交易计划，就应按交易规则和交易计划进行交易。在交易中，要避免在不同的方法之间摇摆不定。掌握一种投资方法，构建一个投资系统固然重要，在实战中相信和坚持这个方法，用真金白银，按既定的规则操作也很重要。

那些投资高手大都有自己的做事规则，并严格按规则进行交易。格雷厄姆 80 岁那年在一次会议上告诫投资者："我想我们只要有一点技巧和简单的原则就可以投资成功。重点在于掌握正确的一般原则，还要有将它们坚持到底的品质。"在谈到伯克希尔为什么能够成功的时候，查理·芒格在一次伯克希尔股东会上说："我现在已经是祖父了，我经常讲的就是，不要羡慕别人的成功，只要中规中矩地做事。如果伯克希尔真的很聪明，可能还不会像今天这样成功。"高手所见略同，全球最大资管机构贝莱德的 CEO 拉里·芬克在谈到成功秘诀时说："我们有一套完整严格的做事准则。我们最重要的事就是决不偏离这个准则。"约翰·聂夫说："温莎基金从不异想天开，从不追赶时尚，更不会听天由命地满足于和大市保持齐平。不管市场节节高升、狂跌不止还是默默无闻，我们始终坚持一种经久耐用的投资风格。"

按规则交易的前提是对自己的交易规则有信心，一些人拥有交易系统却常常不能严格执行，原因之一是他们对自己的交易规则没有信心。我们不但要有交易系统，还要信任自己的交易系统。一个适合自己的交易系统应该是经过长时间实盘交易的测试，被实践证明是稳定可靠的，交易者不能轻易怀疑经过自己验证的且行之有效的交易系统。如果对自己的交易系统没有信心，在实盘交易中遇到稍微大一点的波动就不能坚持。在一次演讲中，一位听众问约翰·W.亨利："约翰，你以严守纪律而闻名。你是如何规划出这种纪律，又是如何遵守的？"他回答："先要对自己的策略有信心，然后才能有纪律。如果你真的相信你的策略，自然就会守纪律，如果你不相信它，换句话说，如果你没有很好地做功课，不能想象当你面对困难时你可以坚持什么，它将不会起作用。如果你对你正在做的事情充满了巨大的信心，真的不需要太多纪律约束。"可见，信心是纪律的基础。

按规则交易，不要过于在乎宏观经济的变化，不要过于在意政策的变化。巴菲特曾说过："就算美联储主席格林斯潘偷偷告诉我他未来两年的货币政策，我也不会改变我的任何一个作为。"按规则交易，也不必过于在乎大盘的涨跌。吉姆·罗杰斯说："我一向是不关心大盘涨跌的，我只关心市场中有没有符合我的投资标准的公司。"在逐次交易中，不必过于关注宏观政策、大盘涨跌等，不要让那些无关紧要的信息干扰我们的交易。

在逐次交易中，每一次交易都应严格按交易规则和交易计划进行，不心存侥幸，不投机取巧。在这一点上，应该向曾国藩学习。曾国藩并不是一个很聪明的人，科举考试考了七次才考中，打仗也是屡败屡战，但他愈挫愈勇的性格成就了他。曾国藩是一个崇尚"守拙"的人，他不喜欢灵巧的东西，不相信任何能够四两拨千斤的取巧之事，他相信"唯天下之至拙，能胜天下之至巧"。他形容他带领的湘军的基本战术是"结硬寨，打呆仗"。如果把这个战术用在股市博弈中，构建自己的交易系统就是结硬寨，严格坚定地按这个系统的规则进行交易就是打呆仗。曾国藩说："士有三不斗：勿与君子斗名，勿与小人斗利，勿与天地斗巧。"其实，真正的聪明人，大多肯下笨工夫，"笨"到了极致就是"聪明"，"拙"到了极致就成了"巧"。在逐次交易中，交易者也不要与市场斗巧，只需要按既定的交易规则和交易计划进行交易就可以了。

股市被两个因素——恐惧和贪婪驱动着。哲学家叔本华曾这样形容人性的贪婪："钱如海水，喝得越多感到越渴。"贪婪是没有止境的，与贪婪相伴的是恐惧，贪婪与恐惧的转换往往就在一念之间。在交易中贪婪和恐惧都会影响我们的智慧和判断力，贪婪使我们忘记风险，在应该卖出时舍不得卖；恐惧让我们错失机会，在该买入时不敢买。逐次交易这种交易方法可以抑制人性的弱点，减少贪婪和恐惧，可以让交易者总是保持从容淡定，拥有一种内心的平静。